DIESES BUCH GEHÖRT:

Die drei !!!

Die drei !!!

Tatort Blumenfarm

Jule Ambach

KOSMOS

Umschlagillustration von Ina Biber, Gilching
Umschlaggestaltung von Sabine Reddig

Unser gesamtes lieferbares Programm und viele weitere Informationen zu unseren Büchern, Spielen, Experimentierkästen, Aktivitäten, Autorinnen und Autoren findest du unter **kosmos.de**

Weitere Bände dieser Reihe siehe Seite 160

FSC www.fsc.org
MIX
Papier | Fördert gute Waldnutzung
FSC® C083411

Gedruckt auf Cradle to Cradle Certified™ Munken Papier

ISBN 978-3-440-17709-9
Redaktion: Nadja Fendrich, Nina Seitz
Lektorat: Sandra Margineanu
Produktion: DOPPELPUNKT, Stuttgart
Druck und Bindung: CPI books GmbH, Leck
Printed in Germany / Imprimé en Allemagne

Die drei !!!

Tatort Blumenfarm

Wiedersehen nach dem Urlaub

»Ist es noch weit?«, stöhnte Marie.

»Was ist denn mit dir los?«, fragte Franzi. »Du hast doch sonst mehr Durchhaltevermögen beim Radfahren.«

Auch Kim wunderte sich, üblicherweise war eher sie es, die über allzu lange Radstrecken klagte, was ihre Freundinnen Franzi und Marie meist nicht verstehen konnten. Aber heute empfand Kim das Radeln als herrlich. Es war ein Augustabend wie aus dem Bilderbuch. Die drei Freundinnen fuhren eine Allee entlang, die von golden wogenden Gerste- und Haferfeldern gesäumt war. Die Sonne funkelte zwischen den sattgrünen Baumkronen hervor und es roch nach Sommer.

Am Vormittag hatte Kim sich mit David im Freibad getroffen – leider musste sie ihre nervigen Brüder Ben und Lukas mitbringen, aber es war mit ihnen richtig lustig gewesen! Allein mit David hätte sie keinen Speed-Rutschen-Wettbewerb und auch keine Wasserschlacht gemacht. Aber trotz des schönen Tages im Freibad hatte Kim ein unbehagliches Ziehen im Bauch. Obwohl sie David heute zum ersten Mal seit dem Urlaub mit ihrer Familie wiedergesehen hatte, hatte sie keine Lust gehabt, ihm etwas über die Zeit in Österreich zu erzählen. Auch seine Erlebnisse bei der Radreise durch Frankreich mit seinem Vater und dessen Partner hatten Kim kaum interessiert. Weil sie und David von Ben und Lukas so in Beschlag genommen worden waren, hatte David zum Glück nicht bemerkt, wie wortkarg Kim gewesen war.

Kim seufzte schwer.

»Kannst du etwa auch nicht mehr?«, fragte Franzi.

»Also, wie weit ist es denn noch?«, wiederholte Marie. Sie klang noch gequälter als eben.

»Noch zehn Minuten«, antwortete Franzi.

Kim kicherte. »Das sagt mein Vater auch immer, wenn Ben und Lukas im Auto quengeln. Auch, wenn es gar nicht stimmt.«

»Was?«, rief Marie. »Aber das stimmt doch, oder, Franzi?«

Franzi musste lachen. »Ich würde dich nie anlügen, Marie! Es sind noch sieben bis zehn Minuten bis zur Blumenfarm, schätze ich. Mehr auf keinen Fall.«

»Ich bin immer noch geschwächt vom Urlaub«, erklärte Marie, die tapfer versuchte, mit Franzi mitzuhalten. »Urlaub in Kroatien! Da denkt man doch an Strand, Sonnenliege und Fruchtcocktails an der Strandbar.«

»Aber du hast uns doch tolle Fotos vom Strand geschickt«, wunderte sich Franzi.

»Ja, aber wovon noch?«, schnaufte Marie empört. »Von Bergen! Berge, auf die ich hinaufsteigen musste! Urlaub in Kroatien können Papa, Tessa, Finn und Lina das nächste Mal allein machen. Da bleibe ich lieber zu Hause.«

»Aber es war doch trotzdem auch schön, oder?«, fragte Kim.
»Ja, schon«, gab Marie zu. »Wir waren natürlich auch am Strand. Es hätte aber insgesamt weniger anstrengend sein dürfen. Wie war es denn bei dir, Franzi?«
Franzi erzählte von dem Windsurfing-Kurs, an dem sie im Familienurlaub auf der Nordseeinsel Langeoog teilgenommen hatte. »Ich hätte nie gedacht, dass es so anstrengend sein würde, das Segel hochzuheben und dabei die Balance zu halten! Aber wenn das geschafft ist, der Wind nach dem Segel greift und das Brett übers Wasser gleitet – das ist einfach nur großartig!« Franzis Augen leuchteten.
»Gibt es überhaupt eine Sportart, die du bislang noch nicht ausprobiert hast?«, fragte Kim staunend. Sie bewunderte ihre Freundin immer wieder dafür, dass sie sich unerschrocken jeder sportlichen Herausforderung stellte.
»Klar, ich möchte noch viel, viel mehr ausprobieren«, antwortete Franzi. »Welche Abenteuer hast du erlebt, Kim?«
»Es war eine Mischung aus euren Urlauben: Wir sind gewandert, ich habe Stand-up-Paddling auf dem See gemacht, an dem unsere Ferienwohnung lag, und ich habe viel gelesen. Ben und Lukas haben Mama und Papa überredet, Mountainbikes auszuleihen, und damit waren sie ein paar Mal unterwegs. Es war total gut, auch mal Zeit für mich allein zu haben.«
»Chrissie war mit einer Freundin in einem Umweltcamp-Ferienlager, und darum hatte ich auch mehr Ruhe als sonst«, meinte Franzi lachend. »Ungewohnt war es trotzdem. Stattdessen waren ja Stefan, Britt und Leni mit uns im Urlaub. Leni

hat sich so über die Wellen und den Sand gefreut, das war mega süß.«

Franzis großer Bruder Stefan und dessen Partnerin Britt waren Eltern geworden und lebten nun mit der kleinen Leni im Haus von Familie Winkler. Sie waren selbstverständlich auch beim Familienurlaub mit eingeplant worden.

»Und jetzt wollen die drei noch mal in den Urlaub fahren?«, fragte Marie.

»Sie besuchen Britts Eltern und wollen dann noch eine Woche für sich sein«, erklärte Franzi. »Insgesamt sind sie zwei Wochen unterwegs und darum haben sie uns gebeten, uns um ihren Saison-Gemüseacker zu kümmern.«

Stefan und Britt waren schon länger auf der Suche nach einem kleinen Bauernhof oder einem Resthof, einem ehemaligen Hof, der nicht mehr landwirtschaftlich genutzt wurde, auf dem sie gemeinsam mit Freunden leben könnten. Dabei hatten sie im Frühjahr Feli und Marta kennengelernt, zwei junge Landwirtinnen, die auf ihrem Hof außerhalb der Stadt ökologisch Blumen und Gemüse anbauten. Außerdem hatten sie eines ihrer Felder in Parzellen aufgeteilt und an Leute verpachtet, die keinen eigenen Garten, aber Lust auf eigenes Gemüse hatten. Diese Parzellen waren zum Teil schon von Feli, Marta und ihren Mitarbeitenden mit Gemüse bepflanzt worden, aber die Pächterinnen und Pächter konnten dort auch selbst Gemüse und Kräuter aussäen und sich bis in den späten Herbst hinein um ihren Miet-Acker kümmern. Stefan und Britt waren sehr an Selbstversorgung interessiert und hielten es für eine tolle Möglichkeit, auf so einem Gemüseacker für einen späteren, eigenen Gemüsegarten zu üben.

Während ihres Urlaubs benötigten Stefan und Britt nun allerdings eine Vertretung, die die Ackerparzelle pflegen würde. Stefan hatte Franzi gefragt, und weil sie keine konkreten Pläne für die letzten Wochen der Sommerferien hatte, war sie einverstanden gewesen. Sie hatte ihre Hilfe zugesichert und Kim und Marie mit ins Boot geholt.

An diesem Abend waren die Freundinnen mit Stefan und Britt auf der Blumenfarm von Marta und Feli verabredet. Vor ihrer Abreise wollten Stefan und Britt den dreien alles zeigen und erklären, welche Parzelle ihr Gemüseacker war und wo sie Wasser und Gartenwerkzeuge finden würden.

»Jetzt sind wir wirklich gleich da«, erklärte Franzi. Hinter den Getreidefeldern waren Dächer zu sehen.

Die schmale Straße, die auch als Fahrradweg diente, führte direkt zur Blumenfarm, die in einem kleinen Weiler lag, einer Ansammlung einiger Höfe und Wohnhäuser. Der Weg beschrieb eine Kurve, sie passierten den ersten Bauernhof der Siedlung und hinter einer Pferdekoppel kam ein buntes Blumenmeer zum Vorschein.

»Wie schön!«, rief Marie.

Auch Kim staunte. Die Blumen wuchsen in Reihen und streckten ihre Blüten in allen erdenklichen Farben der Abendsonne entgegen. Auf der anderen Seite, gegenüber dem Blumenfeld, lag ein Backsteingebäude mit dunkelgrünen Fensterläden, in dessen Vorgarten es ebenfalls herrlich blühte. Am Blumenfeld stand ein Holzhäuschen, das schwedenhausrot gestrichen und zum Radweg hin offen war. *Hoflädchen*, stand in geschwungenen Buchstaben über dem Eingang.

Die Freundinnen stellten ihre Räder auf dem geschotterten Parkplatz neben der kleinen Holzhütte ab.

»Das ist total süß«, fand Kim. Neugierig hatte sie ihren Kopf in das kleine Hoflädchen gesteckt. Darin standen fertig gepflückte Blumensträuße in Eimern aus Emaille, es gab Eier, selbst gekochte Marmelade und eine kleine Auswahl Gemüse. An der Wand hingen Pflanzenscheren, Spulen mit Jutegarn und eine Anleitung zum Selberpflücken der Blumen.

»Das ist ein Selbstbedienungshofladen«, stellte Franzi fest.

»Ja, genau«, erklang eine Stimme hinter Kim, Franzi und Marie. Eine junge Frau in grüner Latzhose und einem karierten kurzärmeligen Hemd stand hinter ihnen. »Ihr könnt einfach nehmen, was ihr möchtet, tragt das in die Liste dort ein und legt das Geld in die schwarze Kasse dahinten links«, erklärte die Frau.

»Danke, wir wollten uns nur mal umschauen«, sagte Franzi. »Eigentlich warten wir auf meinen Bruder und seine Freundin. Sie möchten uns ihre Gemüseparzelle zeigen, weil wir uns darum kümmern werden, solange sie im Urlaub sind.«

»Meinst du Stefan und Britt?«, fragte die Frau. »Er hat schon erzählt, dass sie eine Urlaubsvertretung gefunden haben.«

Franzi stellte sich, Kim und Marie vor.

»Ich heiße Marta, meiner Freundin Feli und mir gehört der Hof.«

Franzis Smartphone piepste, sie zog es aus der Tasche und warf einen Blick darauf. »Britt, Stefan und Leni brauchen noch ungefähr eine halbe Stunde, bis sie hier sind«, verkündete Franzi seufzend. »Was machen wir jetzt solange?«

»Das ist doch kein Problem«, sagte Marta. »Ich frage unsere Praktikantin Ronja, ob sie Zeit hat, euch auf dem Hof herumzuführen. Also, wenn ihr überhaupt Lust dazu habt.«

»Das ist eine tolle Idee, danke!«, sagte Kim. Franzi und Marie waren genau wie Kim begeistert von Martas Vorschlag.

Kim war gespannt, was es auf der Blumenfarm außer den wunderschönen Sommerblumen noch zu sehen geben würde. Hatte Franzi nicht irgendetwas von Schafen erzählt?

Marta suchte Ronja, die gerne einverstanden war, den Freundinnen den Hof zu zeigen.

»Dann vielleicht bis später und viel Spaß«, verabschiedete sich Marta und winkte.

»Also die Blumen und unseren Selbstbedienungshofladen habt ihr ja schon gesehen«, begann Ronja. »Rechts hinter den Blumenfeldern sind die Miet-Gemüseäcker, die schaut ihr euch später noch an, nicht wahr?«

Franzi nickte. »Mein Bruder und seine Freundin zeigen uns nachher ihre Parzelle und wie das alles funktioniert.«

»Okay, dann können wir auf die andere Seite des Hofes gehen, da sind unsere eigenen Gemüsefelder und die Schafe«, erklärte Ronja. Sie überquerten die Straße, der zwischen den Hofgebäuden und dem Blumenfeld lag. Marie blickte sich um. »Wenn das Blumenfeld und auch die Mietäcker so nah an der Straße und dem Fahrradweg liegen … wird dann manchmal etwas geklaut?«

Ronja seufzte. »Das ist gerade ein großes Thema hier. Es kommt gelegentlich vor, dass sich Leute Blumen abschneiden und nicht bezahlen. Bei den Mietäckern schrecken womöglich die Wildschutzzäune ab, die rings um das Feld verlaufen, außerdem liegen sie nicht unmittelbar am Weg. Man muss zuerst den Trampelpfad am Blumenfeld entlanggehen, kann also nicht im Vorbeigehen eine Gurke abpflücken und mitnehmen. Die allermeisten Kundinnen und Kunden sind aber ehrlich und ohnehin richtig nett. Doch in den vergangenen Wochen ist die Kasse im Selbstbedienungshäuschen zweimal aufgebrochen und die Einnahmen daraus gestohlen worden.«

»Das ist heftig!«, fand Franzi. »Habt ihr die Polizei eingeschaltet?«

»Nein.« Ronja schüttelte den Kopf. »Marta und Feli halten die gestohlenen Beträge für zu gering. Aber es ist für sie natürlich total ärgerlich.«

»Und was wollen sie stattdessen tun?«, fragte Kim. »Eine Überwachungskamera anbringen?«

»Das ist leider nicht möglich«, erklärte Ronja. »Weil das Häuschen an einem öffentlichen Weg liegt und die Kamera nicht nur auf dem Privatgrundstück filmen würde, ist das nicht erlaubt. Marta hat vorgeschlagen, dass ab sofort nur noch per Direktüberweisung über einen QR-Code bezahlt werden kann, aber das würde manche Käufer vielleicht abschrecken, gerade ältere Menschen – es ist alles nicht so einfach.«

Kim warf ihren Freundinnen einen Blick zu. Franzi und Marie verstanden sofort und nickten. Vielleicht hatten sie nachher noch einmal Gelegenheit, mit Marta oder Feli zu sprechen, überlegte Kim. Dann könnten sie ihre Hilfe anbieten. Kim, Franzi und Marie waren erfolgreiche Detektivinnen – und obwohl sie in diesen Sommerferien schon einen großen Fall in einem Internat gelöst hatten, den Diebstahl auf der Blumenfarm würden sie hoffentlich auch noch aufklären!

Ronja und die Mädchen gingen durch ein großes Tor neben dem Wohngebäude auf den Innenhof. Hier stand ein kleiner, in die Jahre gekommener roter Traktor und Hühner pickten zwischen dem Kopfsteinpflaster nach Insekten und Sämereien.

»Was macht ihr denn hier?«, fragte Ronja. »Ihr gehört doch auf die Wiese.« An die Mädchen gewandt erklärte sie, dass die Hühner in einem mobilen Hühnerstall auf einer Wiese hinter dem Hof lebten, aber ein paar Hühner waren sehr ausbruchfreudig.

»Wir könnten sie einfangen«, schlug Franzi vor. »Ich habe ein eigenes Huhn, Polly.«

Marie schüttelte alarmiert den Kopf.

»Das ist nicht nötig«, meinte Ronja. »Die Hühner bringen Koray oder ich nachher wieder zurück.«

»Koray ist auch Mitarbeiter auf dem Hof?«, fragte Marie, die sehr erleichtert darüber aussah, dass es nicht zu einer Hühner-Fang-Aktion kam.

Ronja nickte. »Genau, er macht auch ein Praktikum. Er ist allerdings schon seit März hier, ich erst seit Anfang Juli.« Sie erzählte, dass Koray überlegte, ob er Landwirtschaft studieren sollte oder lieber eine Ausbildung zum Gemüsegärtner machen wollte. Auf der Blumenfarm war er, um sich zu orientieren und besser entscheiden zu können. »In meiner vorherigen Arbeit war ich nicht mehr glücklich und habe mir eine Auszeit genommen. Als ich auf dem Social-Media-Kanal der Blumenfarm den Aufruf gelesen habe, dass eine Praktikantin gesucht wird, habe ich sofort meinen Koffer gepackt und bin hergekommen«, sagte Ronja lachend. »Zuvor habe ich mich natürlich beworben. Inzwischen kann ich mir gut vorstellen, in meiner Heimatstadt auch ein Blumenfeld mit kleinem Hofladen aufzubauen, mal sehen.«

An den Innenhof grenzten das Wohngebäude und zwei Ställe. Ronja führte Marie, Kim und Franzi über den Innenhof, zwischen dem Wohnhaus und der hinteren Scheune gab es einen Durchgang, der den Blick auf weitere Felder und Obstbäume freigab.

»Hier hinten sind der mobile Hühnerstall und die Gemüsebeete«, erklärte Ronja. Sie deutete auf die akkuraten Ackerstreifen, auf denen das Gemüse wuchs. »Und das sind unsere wichtigsten Mitarbeitenden neben den Regenwürmern, die unsere Erde umgraben: die Laufenten.« Ronja öffnete ein Gatter im Zaun, der die Gemüsebeete umgab.

Kim konnte nicht anders, sie prustete los. Auch Marie und Franzi kicherten. Die Laufenten sahen zu witzig aus. Ihre Flügel lagen eng am Körper an, sodass sie kaum zu sehen waren. Die Enten watschelten aufrecht durch die Beete und streckten

ihren langen Hals immer mal wieder zwischen die Pflanzen, um Schnecken und Schneckeneier zu fressen, wie Ronja erklärte.
Eine der Enten kam neugierig näher. Sie quakte und watschelte erstaunlich schnell auf Marie zu. Marie wich zurück, doch die Ente folgte ihr. Mit ausgestrecktem Hals zupfte sie an den Riemen von Maries Sandalen und quakte begeistert.
Marie machte einen kleinen Sprung nach hinten. »Was soll das?«, quiekte sie.
Die Ente ließ sich nicht beirren und folgte Marie.
Kim musste lachen. Die Ente schien von Marie hin und weg zu sein und folgte ihr überraschend schnell. Sie ließ sich auch von Maries erschrockenen Lauten, wenn die Ente wieder ihre Sandale erwischte, nicht beirren. Auch Ronja und Franzi kicherten, aber Franzi rettete ihre Freundin: Als Marie und die Ente an ihr vorbeiliefen, bückte sich Franzi hastig, griff mit beiden Händen um den Rumpf der Ente und hob sie hoch. Die Ente quakte überrascht und ruderte mit den Beinen. Marie konnte endlich stehen bleiben und durchschnaufen.
»Was hat die Ente denn?«, fragte Marie und betrachtete sie skeptisch. Der Rest der Entenschar suchte in einiger Entfernung das Paprikabeet nach Nacktschnecken und Insekten ab.
»Offenbar ist Siegfried Schnatterbeck ganz begeistert von dir«, erklärte Ronja grinsend.
»Ach so, dann ist das gar keine Laufente, sondern ein Lauferpel«, sagte Kim. »Haben die anderen Laufenten und Lauferpel auch Namen?«
Der Erpel strampelte und quakte empört, sodass Franzi ihn los-

ließ. Siegfried Schnatterbeck schüttelte sich und näherte sich wieder Marie, blieb aber in einigem Abstand und suchte im Gras nach Futter.
»Marie, die Liste deiner Verehrer wird immer länger«, meinte Franzi lachend. »Wenn das Holger wüsste.«
»Herr Schnatterbeck ist gut zu erkennen, weil er als Einziger so einen dunkelgrünen Kopf hat wie eine Stockente«, antwortete Ronja auf Kims Frage.
Kim schaute zur Entengruppe hinüber und es stimmte, Siegfried Schnatterbeck fiel deutlich auf. Die anderen Enten waren weiß, hellbraun, dunkelbraun oder schwarz, mit einer weißen Brust.
Ronja wollte den Mädchen noch die Schafe zeigen. Siegfried Schnatterbeck folgte ihnen bis zum Gatter und versuchte sogar, hinter Marie hindurchzuschlüpfen, doch Ronja drängte ihn sanft zurück.
Die Schafweide befand sich ganz in der Nähe. Franzi lehnte sich an den stabilen Holzzaun und die Schafe kamen blökend näher. »Wir scheinen eine magische Anziehungskraft auf die Hoftiere zu haben«, meinte Franzi grinsend. Sie hielt einem der Schafe die Hand hin, es schnupperte und Franzi kraulte es zwischen den Augen.
»Die Tiere merken eben, dass ihr sehr freundlich seid«, sagte Ronja. »Aber ich befürchte, die Schafe denken, es gibt Futter. Wenn sich jemand ihrer Weide nähert, dann meistens mit Kleepellets, die lieben sie.«
»Haben die Schafe auch eine Aufgabe oder werden sie einfach so gehalten?«, fragte Kim.

»Sie werden als Rasenmäher gehalten«, erklärte Ronja. »Also zur Kulturpflege. Sie halten die Weiden kurz. Zum Hof gehören einige weitläufige Weiden, die aktuell nicht für den Anbau von Blumen oder Gemüse genutzt werden. Die Schafe wandern von Weide zu Weide und halten Gras und Kräuter kurz und sorgen dafür, dass keine Sträucher oder Bäume auf den Flächen wachsen. Aber sie werden auch geschoren und die Wolle wird als Langzeitdünger verwendet. Wir vergraben sie in den Blumen- und Gemüsebeeten, dort wird sie zersetzt und gibt wertvolle Nährstoffe frei.«

»Das ist toll«, staunte Franzi.

»Und die Schafsköttel können wir auch als Dünger benutzen, genau wie die Hinterlassenschaften der Hühner. Marta und Feli legen Wert darauf, dass nur natürliche Dünger verwendet werden und ein Kreislauf auf dem Hof entsteht«, erklärte Ronja auf dem Weg um das Hofgebäude herum. Stefans roter Kombi war noch immer nicht auf dem Parkplatz zu sehen.

»Na, wie war die Hofführung?«, erklang eine Stimme hinter ihnen. Eine Frau schob eine mit dunkler Komposterde gefüllte Schubkarre vor sich her und blieb stehen. »Ich bin Feli, Marta hat mir erzählt, dass Ronja euch herumführt, bis Stefan und Britt kommen. Schön, euch kennenzulernen!«

»Euer Hof ist wirklich toll! Marie mag am liebsten die Laufenten, stimmt's?«, sagte Franzi und stupste Marie grinsend an.

»Haha«, machte Marie. »Eine der Enten hat es auf mich abgesehen! Meine Sandalen gefallen Siegfried Schnatterbeck anscheinend besonders gut.«

»Siegfried Schnatterbeck? Wirklich?«, fragte Feli überrascht. »Der ist sonst doch immer so ängstlich. Dann hast du es ihm wohl wirklich angetan.«

»Feli?« Marta kam vom Blumenfeld herübergeeilt. »Ich habe eben die Zeitschaltuhr der Bewässerung der Blumenfelder angeschaltet, die Pflanzen brauchen *jetzt* Wasser.«

Feli seufzte. »Ist gut, danke.« An die Mädchen gewandt erklärte sie: »Bevor uns alles eingeht, müssen wir auf das Grundwasser zurückgreifen, die Regenwasservorräte sind längst aufgebraucht ... Ich hatte so gehofft, dass es diese Woche regnet, aber das wird wohl nichts.«

»Davon habe ich schon in den Nachrichten öfter gehört, in diesem Sommer regnet es besonders wenig, oder?«, fragte Kim. »Komisch, zu Beginn der Sommerferien war es noch so kühl und regnerisch.«

Marta und Feli nickten. »Seit einigen Jahren ist es ganz deutlich messbar, dass es im Sommer immer weniger regnet, aber in diesem Jahr ist es extrem. Wir werden uns für die kommende Saison Gedanken machen müssen, ob wir mehr hitzeresistente Blumen anbauen, die weniger Wasser benötigen. Auch bei Gemüse wird das in Zukunft eine Rolle spielen«, erklärte Marta. »Wir Menschen in der Landwirtschaft erleben den Klimawandel hautnah jeden Tag.«

»Aber ihr gießt eure Felder nicht?«, fragte Franzi. »Bei uns in der Nähe gibt es viele Maisfelder und darauf stehen diese riesigen Wasserschlauchrollen mit Sprinkler und beregnen den Mais, ich glaube sogar, jeden Tag.«

Feli und Marta warfen sich einen Blick zu. »Das machen wir im äußersten Notfall, so wie jetzt«, antwortete Feli. »Aber das Wasser, das auf den Feldern verwendet wird, ist Grundwasser. Und auch der Grundwasserspiegel kann sinken oder sogar ganz erschöpft werden, wenn darauf sehr massiv zurückgegriffen wird und er sich durch Regen nicht wieder auffüllt. Das kann dazu führen, dass wir Menschen nicht mehr ausreichend Wasser zum Duschen und Trinken haben, aber auch für Ökosysteme wie Flüsse, Bäche und Seen kann das dramatische Folgen haben. Darum versuchen wir, so gut es geht, darauf zu verzichten, das Grundwasser anzuzapfen.«

»Aber gießt ihr eure Pflanzen überhaupt nicht?«, wollte Marie wissen.

»Wir sammeln Regenwasser in Zisternen und großen Tanks«, sagte Marta, »und wir mulchen unsere Beete. Das heißt, wir decken die Erde mit Kompost, Grasschnitt oder Resten der Gemüseernte ab. So bleibt die Feuchtigkeit länger im Boden.«

»Warum machen das denn nicht alle?«, fragte Franzi.

Marta lachte. »Das fragen wir uns auch. Aber wir können das auf unseren vergleichsweise kleinen Beeten und Feldern gut umsetzen. Auf einem Getreidefeld von mehreren Hektar Größe ist das nicht so einfach möglich.«

»Aber nicht nur der heiße Sommer ist ein Problem für euch, oder?«, fragte Kim. »Ronja hat erzählt, dass die Kasse eures Selbstbedienungshäuschens bereits zweimal aufgebrochen worden ist.« Das hatte Kim während der Hofführung mit Ronja nicht vergessen können.

Schon während Kim noch sprach, hatte Marie eine silberne Dose aus ihrer Rocktasche gezogen. Sie nahm eine Karte heraus und überreichte sie Feli.

»Wir sind Detektivinnen«, sagte Marie. »Wenn ihr möchtet, finden wir heraus, wer eure Kasse aufbricht.«
Kim grinste. Natürlich hatten Franzi und Marie die Diebstähle ebenfalls nicht vergessen. Dies war ein Fall für die drei !!!, sie mussten der Blumenfarm einfach helfen!

Geheimes Tagebuch von Kim Jülich
Dienstag, 21:37 Uhr

► Finger weg von meinem Tagebuch, Ben und Lukas! Sonst nehme ich euch mit zum Beikrauthacken statt ins Freibad! ◄
Heute habe ich gelernt, dass man statt Unkraut lieber Beikraut sagen sollte. Denn auch Beikräuter sind wertvolle Pflanzen, nur eben im Gemüse- oder Blumenbeet unerwünscht. Das sage ich Papa, wenn er wieder über das Beikraut im Garten schimpft.

Ich wünschte, alle Tage wären so wunderschön wie Augusttage! Dieses goldene Licht ... hach ja. Heute war aber auch ein besonders herrlicher Tag: Es hat richtig viel Spaß gemacht mit Ben und Lukas im Freibad (falls ihr bis hierher gelesen habt: Ich gehe nie wieder mit euch schwimmen, wenn ihr das Tagebuch jetzt nicht sofort weglegt!!!). Ich war wirklich sehr froh, dass die beiden da waren, ich glaube, nur mit David wäre es mir langweilig geworden. Ist das schlimm? Ich mag ihn so gerne, aber irgendwie konnte ich ihm und seinen Sommerferien-Geschichten überhaupt nicht richtig zuhören und gleichzeitig hatte ich keine Lust, ihm etwas von meinem Urlaub zu erzählen. Vielleicht müssen wir uns erst wieder aneinander gewöhnen. Weil sich unsere Urlaube überschnitten haben, haben wir uns fast vier Wochen nicht gesehen. Das wird es sein. Aber ob ich ihn in den nächsten Tagen oft treffen werde? Franzi, Marie und ich haben nämlich nicht nur einen neuen Fall, sondern auch noch ein großes Gemüsebeet zu pflegen! Direkt nachdem Marie Feli und Marta unsere Visitenkarte überreicht hat, dazu mehr im Detektivtagebuch, kamen Britt, Stefan und Leni (endlich!) zur Blumenfarm und haben uns ihren Gemüseacker gezeigt. Während ihres Urlaubs sollen wir dort ein paar Mal vorbeischauen und Beikräuter entfernen, ernten (wir haben heute schon Tomaten und Gurken mitgenommen, die schmecken toll!) und gießen. Das wird leider ein Problem werden, denn der Sommer war bislang sehr trocken und die Regenwasservorräte sind fast erschöpft. Ich freue mich schon jetzt auf den nächsten Besuch auf dem Hof.

Detektivtagebuch von Kim Jülich
Dienstag, 22:02 Uhr

Eigentlich hatte ich auf zwei ruhige restliche Sommerferienwochen mit viel Eis, Freibadbesuchen und Lesen in der Hängematte gehofft – aber die drei !!! haben einen neuen Fall! Den lassen wir uns natürlich nicht entgehen, vor allem wollen wir dem sympathischen Team der Blumenfarm unbedingt helfen. Die Kasse ihres Selbstbedienungshofladens ist schon zweimal aufgebrochen und das Geld gestohlen worden. Unsere erste Idee war, eine Überwachungskamera anzubringen, doch darauf sind Marta und Feli (natürlich) auch schon selbst gekommen. Da das Selbstbedienungshäuschen direkt an einem Radweg liegt und nicht auf Privatgelände, darf dort jedoch keine Kamera angebracht werden. Weil gerade jetzt im Sommer viele Leute auf dem Radweg vorbeikommen, ist das Selbstbedienungshäuschen äußerst wichtig für den Hof, auf diese Einnahmen wollen und können sie nicht verzichten. Vielleicht ist es erlaubt, eine Wildkamera aufzuhängen? Damit waren wir ja bereits im Schwarzwald bei unserem Fall rund um den Kletterwald sehr erfolgreich ... uns wird garantiert etwas einfallen und der Fall turboschnell gelöst sein! Dann bleibt noch genug Zeit für viel Eis, das Freibad und meinen turmhohen Stapel ungelesener Bücher.

Marta und Feli benötigen Hilfe

Kim stellte eine Karaffe gekühlten Eistee auf den Tisch, schob die Gläser noch ein Stück beiseite und rückte die Vase mit den Gartenblumen etwas mehr in die Mitte. Sie nickte zufrieden. Jetzt fehlten nur noch das Eis und die Erdbeersoße, die würde sie später holen. Kim schaute auf ihr Handy, es war kurz vor 15 Uhr, dann würde Camilla sicherlich gleich hier sein, sie war eher überpünktlich. Ganz anders als Marie. Kim schmunzelte bei dem Gedanken daran. Gleichzeitig flutete eine warme Welle durch ihren Bauch. Sie war dankbar für ihre Freundinnen, gerade weil sie alle so verschieden waren, und trotzdem waren sie allerbeste Freundinnen. Wobei Camilla nur Kims Freundin war. Aber Kim wünschte sich, mehr Zeit mit Camilla *und* Marie und Franzi zu verbringen. Natürlich nur außerhalb ihrer Detektivarbeit. Kim rückte die Vase doch noch einmal etwas weiter aus der Tischmitte heraus, jetzt sah es perfekt aus.

»Hey, Kim!«, rief Camilla.

Kim drehte sich um und winkte ihrer Freundin, die durch das Gartentor in den Garten gekommen war.

»Huhu, Camilla!«, rief Kim.
Sie ließ ihre Hand sinken. Huhu?, dachte sie erschrocken. Wie peinlich, ich sage doch nie *Huhu.* Kim spürte, wie ihr Gesicht rot anlief und ihr Herz schneller zu schlagen begann, als sich Camilla näherte. »Hi«, versuchte Kim es noch einmal betont lässig und sie und Camilla begrüßten sich mit einer Umarmung.
»Wie geht's?«, fragte Camilla.
Kim war erleichtert, Camilla schien ihre peinliche Begrüßung entweder nicht bemerkt zu haben oder fand sie gar nicht peinlich. Trotzdem schlug ihr Herz noch deutlich schnell. Die Sommersonne funkelte in Camillas Haaren, die vom Fahrradhelm, der an ihrem Unterarm baumelte, etwas platt gedrückt waren.
»Wie schön euer Garten ist!«, staunte Camilla.
Kim wollte antworten, in diesem Moment klingelte ihr Handy. »Das ist bestimmt nichts Wichtiges«, murmelte sie und blickte auf den Bildschirm. Franzi rief an. »Oh Mist!«, entfuhr es Kim. Sie hatte komplett vergessen, dass sie heute mit Marie und Franzi auf der Blumenfarm verabredet war.
Sie nahm das Gespräch an und rief statt einer Begrüßung: »Franzi, es tut mir leid, ich hab's total vergessen!«
»Gar kein Problem, Marie und ich fahren jetzt erst los, ich wollte dir eigentlich nur sagen, dass wir uns ein wenig verspäten – überraschenderweise.«
»He!«, rief Marie empört im Hintergrund.
Kim überlegte: Sie wollte ihre Freundinnen nicht hängen lassen, andererseits hatte sie sich sehr gefreut, als Camilla heute Vormittag nachgefragt hatte, ob Kim Zeit habe. »Ich mache mich

gleich auf den Weg und bringe Camilla mit, okay?«, fragte Kim.
»Alles klar, dann sehen wir uns dort«, sagte Franzi.
Kim ließ das Smartphone sinken. »Hast du Lust auf Gartenarbeit?«, fragte sie Camilla.

Franzi und Marie waren vor ihnen da, sie hatten ihre Räder bereits abgestellt und warteten auf der leuchtend rot gestrichenen Sitzbank am Blumenfeld. Kim und Camilla bremsten vor der Bank ab. »Habt ihr Lust auf ein Picknick, bevor wir auf dem Acker loslegen?«, fragte Kim. »Wir haben Eis dabei.« Sie deutete auf die Kühltasche in der Holzkiste, die auf Camillas Gepäckträger befestigt war.
Marie und Franzi waren sofort einverstanden. Seitlich des Blumenfeldes gab es eine Wiese, hier breiteten sie die karierte Picknickdecke aus, die Kim ebenfalls mitgebracht hatte. Camilla verteilte das Vanilleeis auf vier Schälchen und übergoss es großzügig mit Erdbeersoße.
»Wartet ihr schon lange?«, fragte Kim und balancierte einen Löffel mit Eis in ihren Mund.
Franzi schüttelte den Kopf. »Wir haben Marta und Feli schon getroffen. Sie bauen auf dem Hof einen kleinen Markt auf, donnerstags wird das frisch geerntete Gemüse abgeholt und es gibt Eier, Honig und Steinofenbrot eines befreundeten Bäckers.«
»Was heißt, das Gemüse wird abgeholt?«, fragte Camilla.
»Haben wir uns auch gewundert und Marta gefragt«, sagte Marie. »Das Gemüse, das hier auf dem Hof angebaut wird, verkaufen Marta und Feli hauptsächlich an Abonnentinnen und

Abonnenten. Am Anfang des Jahres kann man ein Gemüse-Abo abschließen und erhält dann von Mai bis Ende November jede Woche eine Gemüsekiste mit dem Gemüse, das gerade reif ist. Das holen die Leute dann an den Donnerstagen hier auf dem Hof ab.«

»Das klingt ja nett«, fand Kim. Sie kratzte als Letzte ihre Eisschale sorgfältig aus. »Wollen wir jetzt zum Gemüseacker gehen?«

»Oder wir flechten uns zuerst noch Blumenkränze!«, schlug Camilla vor. »Kim, zu deinen Haaren würden diese Blumen hier in Pink richtig gut passen!«

»Pink?«, fragte Kim überrascht.

»Ja, auf jeden Fall«, war sich Camilla sicher. »Warte.« Sie sprang auf, lief zum Blumenfeld und pflückte einige der Blumen. Geschickt flocht sie die Stiele zusammen, fügte noch ein paar violette Blüten hinzu und legte Kim den Kranz feierlich auf den Kopf.

Kim nestelte mit roten Wangen ihr Handy aus der Tasche und betrachtete sich mit der Selfie-Kamera.

»Das sieht wirklich wunderschön aus!«, sagte Marie. »Camilla, wie hast du das so schnell gemacht?«

Camilla schlug vor, für Franzi einen Kranz zu binden und Marie zu zeigen, wie sie das machte. Franzi bekam einen Kranz mit viel Grün und kleinen blauen Blümchen, was ebenfalls perfekt zu ihren Haaren passte. Schließlich hatten sie alle vier prächtige Blumen-Haarkränze. Zufrieden packten sie ihre Picknicksachen ein und gingen erhobenen Hauptes zu ihren Rädern, wo Kim die Kühltasche, Schälchen und Picknickdecke wieder in ihrem und Camillas Fahrradkorb verstaute. Marie warf unterdessen einen Geldschein in die Kasse des Selbstbedienungshäuschens, um die Blumen zu bezahlen.

Stefan und Britt mulchten ihre Ackerparzelle mit den Grünabfällen ihres geernteten Gemüses, und da die Erde noch gut mit Blättern abgedeckt war, gab es für die Mädchen heute kaum etwas zu tun, außer zu ernten.
»Hier müssen wir aber dringend gießen, die Zucchinipflanzen sehen ganz schlapp aus«, meinte Franzi sorgenvoll. Sie wollte die ihr übertragene Aufgabe gewissenhaft erfüllen, auch wenn Britt und Stefan gesagt hatten, sie müssten die Ackerpflege nicht zu ernst nehmen.
»Heute ist es besonders warm«, fand Kim. Auch ihre Blumenkränze sahen inzwischen etwas schlaff aus.
»Wer möchte Zucchini mitnehmen?«, fragte Franzi, die begonnen hatte, das Gemüse unter ihnen aufzuteilen. »Ich würde sagen, jede von uns, weil wir davon echt viele haben.«
Auch Camilla bekam etwas von dem Gemüse ab. »Da wird sich mein Vater freuen«, war sie sich sicher. »Er kocht unglaublich gerne. Wenn auch nicht immer gut«, fügte sie lachend hinzu.
Sie verstauten das Gemüse in ihren Fahrradkörben und Rucksäcken.
»Da ist Feli!«, sagte Marie und winkte der jungen Frau, die aus dem Innenhof der Blumenfarm getreten war und sich auf dem fast leeren Parkplatz umsah. Feli winkte zurück.

»Was hat sie denn? Sie sieht gar nicht froh aus«, meinte Kim. »Wollen wir mal nachfragen?«

Sie schoben ihre Fahrräder zu Feli, die hektisch auf ihrem Smartphone herumtippte.

»Hallo, Feli, stimmt etwas nicht?«, fragte Franzi.

Feli schaute auf. »Eigentlich ist seit einer halben Stunde Gemüse-Abholzeit, aber bisher war niemand da. Das ist echt merkwürdig, sonst sind viele der Abholenden superpünktlich um 16 Uhr auf dem Hof, weil sie ihre Gemüsekiste direkt auf dem Heimweg nach der Arbeit mitnehmen. Aber ich habe auch keine schriftlichen Absagen bekommen«, sagte sie stirnrunzelnd. »Sind heute alle im Freibad und kommen deshalb später?«

Die Mädchen stellten ihre Räder im Schatten ab und folgten Feli auf den Innenhof. Koray legte gerade feuchte Tücher auf die empfindlichen Salate und Kräuter, die in grünen Gemüsekisten drapiert für die Abholung bereit waren. Hier im Innenhof war es noch mal deutlich wärmer als draußen auf den Feldern. Auch Marta war an ihrem Handy. »Vielleicht benötigen unsere Abonnenten eine kleine Erinnerung«, meinte sie. Marta fotografierte den aufgebauten Marktstand und postete das Bild in die Chatgruppe des Messengerdienstes, in der alle Abonnentinnen und Abonnenten waren. »Wir sind fertig und freuen uns auf euch«, las Marta vor, was sie tippte.

Noch bevor sie ihr Handy wieder weggesteckt hatte, ertönte der Nachrichtensignalton.

»Das darf doch nicht wahr sein«, stöhnte Marta mit einem Blick auf den Bildschirm.

»Was ist los?«, fragte Feli alarmiert.
»Frau Brabic hat direkt geantwortet. Sie schreibt, dass sie gestern Abend eine Mail von uns bekommen habe, dass die Gemüseabgabe wegen Ernteausfällen in dieser Woche ausfiele.«
»Eine Mail *von uns*?«, wiederholte Feli. »Das kann doch nicht sein.«
Martas Handy piepste wieder. »Offenbar haben mehrere unserer Kunden oder sogar alle eine solche Mail bekommen«, sagte Marta matt. »Was machen wir denn jetzt? Die Leute herbitten?«
Feli schüttelte den Kopf. »Das wird unmöglich funktionieren. Vielleicht haben manche nun durch die Absage keine Zeit oder schon eingekauft? Andererseits ist das Gemüse geerntet. Für 120 Haushalte.«
Kim hatte eine Idee. Es war keine Zeit, sie mit ihren Freundinnen durchzusprechen, das konnte sie gleich noch machen: »Ihr habt doch zwei Lastenräder, die habe ich am Dienstag bei der Hofführung mit Ronja gesehen. Und dann sind da noch eure Autos und unsere normalen Fahrräder – wie wäre es, wenn wir das Gemüse ausliefern?«
»Danke für deinen Vorschlag, Kim, und dafür, dass ihr uns helfen möchtet«, antwortete Marta. »Warum machen wir es nicht so: Ich schreibe in die Gruppe, dass sich alle, die die Kiste geliefert haben möchten, so bald wie möglich melden sollen. Den Rest bitten wir, ihre Kisten doch noch abzuholen. Ihr vier könnt mit den Lastenrädern und euren Rädern die nahe liegenden Adressen anfahren. Koray, Ronja und ich fahren mit Autos

zu den entfernteren Haushalten und Feli bleibt hier und bedient die Abholenden.«

Kurze Zeit später drückte Feli Kim, Franzi, Marie und Camilla eine Liste mit den Lieferadressen in die Hand und gemeinsam beluden sie die beiden E-Lastenräder. Camillas Rad hatte vorn am Lenker und hinten einen Gepäckträger. Sie konnte zwei Gemüsekisten, die zur Kühlung mit feuchten Leinentüchern bedeckt waren, transportieren und Marta hatte an Franzis Rad einen Fahrradanhänger montiert, der auch mit Gemüsekisten beladen wurde.

»Meint ihr, das geht so?«, fragte Koray, als er die Deckel der beiden Lastenräder schloss.

»Klar, das bekommen wir hin!«, sagte Marie zuversichtlich.

»Bestens. Meldet euch, wenn etwas sein sollte«, sagte Koray und klopfte zum Abschied auf den Deckel der Transportbox an Maries Lastenrad.

Kim war gespannt, wie schwer das Lastenrad zu fahren sein würde. Immerhin war es ein E-Bike, dann konnte es hoffentlich nicht zu schwer werden.

»Danke euch, ihr seid spitze!«, rief Marta und fuhr hupend mit dem kleinen Lieferwagen der Blumenfarm davon. Inzwischen trudelten die ersten Abholenden auf dem Hof ein.

Kim setzte sich den Fahrradhelm auf und stieg auf das Lastenrad. »Zuerst müssen wir hier links runter bis zum Stadtrand fahren und dann in den Birkenweg.« Sie faltete die Adressliste zusammen und schob sie in ihre Hosentasche.

»Dann nichts wie los!«, rief Marie und lehnte sich vor, um dem Rad zusätzlich zu ihrem Tritt in die Pedale mehr Schwung zu geben.
Als das Lastenrad erst mal in Bewegung kam, machte es Kim richtig Spaß. Durch den E-Motor war es gar nicht schwer, das Fahrrad mit der bis oben hin gefüllten Transportkiste zu bewegen. Sie schaute zu Camilla hinüber, die mit Franzi plauderte. Camilla schien Kims Blick zu bemerken. Sie schaute zu ihr herüber und erwiderte ihn mit einem strahlenden Lächeln. Kim wandte sich ab. In ihren Ohren rauschte es. Warum das denn? Vielleicht war das Radfahren doch zu anstrengend, es war schließlich immer noch sommerlich warm? Nein, eigentlich fühlte sie sich ganz gut und gar nicht angestrengt. Aber so ein Gefühl hatte sie nie, wenn sie von Franzi oder Marie angelächelt wurde. Das waren doch auch ihre besten Freundinnen!
»Alles okay?«, fragte Camilla. Sie fuhr neben Kim.
»Jaja, alles in Ordnung«, sagte Kim hastig. Hatte Camilla sie die ganze Zeit angeschaut? Hatte sie etwas bemerkt? Falls ja, ließ sie sich nichts anmerken.
Am Stadtrand angekommen, teilten sich die vier auf. Marie und Franzi fuhren zu zweit weiter und Kim und Camilla nahmen die andere Route.
Die Leute freuten sich, dass sie ihre Gemüsekisten doch noch bekamen und diese sogar geliefert wurden. Camilla und Kim bekamen sogar Trinkgeld.
»Das ist wirklich ein toller Service«, sagte ein junger Mann, der ein schlafendes Baby in einem Tragetuch vor dem Bauch

trug. »Wisst ihr, ob Marta und Feli vielleicht öfter liefern werden? Das wäre super.«

»Wir können das gerne mal weitergeben, aber wir glauben, es ist heute nur eine Ausnahme«, sagte Camilla.

»Ja, wegen dieser merkwürdigen Mail, die die beiden gar nicht verschickt haben«, fügte Kim hinzu. Dann stutzte sie. »Haben Sie zufällig darauf geachtet, von welcher E-Mail-Adresse die Mail gestern Abend versendet worden ist?«, fragte Kim.

Darauf hatte der Mann leider nicht geachtet, aber er schaute auf seinem Smartphone nach. »Hier: blumenfarm@mailservice.de.«

Kim bedankte sich. Nachdem der Mann die Tür geschlossen hatte, zog sie ihr Handy hervor und rief die Webseite der Blumenfarm auf.

»Was ist los?«, fragte Camilla.

»Aha«, sagte Kim nur und hielt Camilla das Display hin. »Die E-Mail-Adresse von Marta und Feli ist eine andere. Sie lautet Mail@blumenfarm.de. Wir müssen nachfragen, ob sie eine Zweitadresse haben und diese womöglich gehackt worden ist – also sich jemand von einem anderen Computer aus unerlaubt Zugang zu ihrem Mail-Konto verschafft hat. Oder jemand hat sich gezielt diese andere E-Mail-Adresse angelegt und verschickt Mails im Namen von Feli und Marta. Vielleicht verschickt die Person dann noch weitere Mails.«

»Warum sollte das jemand tun?«, fragte Camilla.

Kim zuckte mit den Schultern. »Das werden wir schon noch herausfinden.«

Detektivtagebuch von Kim Jülich
Donnerstag, 22:37 Uhr

Jemand hat sich mit einer falschen Mail-Adresse, die erst auf den zweiten Blick als solche erkennbar ist, als Marta und Feli ausgegeben und die heutige Abholung der Gemüsekisten abgesagt. Aufgrund von Ernteausfällen, stand in der Mail. Marta und Feli haben uns erklärt, dass das ein Prinzip ihrer Gemüsekisten sei, dass die Kundschaft gemeinsam mit den Landwirtinnen das Risiko eines Ernteausfalls trägt. Das nennt sich Solidarische Landwirtschaft, kurz SoLaWi.

In einer SoLaWi tun sich Landwirtinnen und Landwirte mit ihrer Kundschaft zusammen. Die Mitglieder der SoLaWi zahlen zu Beginn der Saison einen festen Betrag an den Landwirt. Im Gegenzug erhalten sie wöchentlich frisches Gemüse. Die Mitglieder dürfen auch mitbestimmen, was angebaut wird, und so entsteht eine Bindung zwischen den Partnern. Die Idee dahinter ist, dass die Mitglieder den Landwirten helfen, die Kosten für den Anbau zu tragen, und so auch eventuelle Ernteausfälle gedeckt sind.

Das heißt, Marta und Feli müssten sich gar keine Sorgen machen, dass ihre Gemüsekisten-Abonnenten sauer sein könnten, wenn mal etwas ausfällt. Aber das war in diesem Fall schlichtweg gelogen! Außerdem war das ganze Gemüse geerntet und bereit für die Abholung. Weil nicht alle 120 Personen spontan doch noch Zeit hatten, zur Blumenfarm zu kommen, sind wir natürlich gerne eingesprungen. Außerdem konnten wir bei der Auslieferung wertvolle Informationen gewinnen – jemand sabotiert gezielt die Arbeit der Blumenfarm!

Nach der Gemüsekistenlieferung hatten wir keine Gelegenheit mehr, mit Marta oder Feli darüber zu sprechen. Sie waren ziemlich platt von diesem Tag, aber auch sehr froh, dass trotzdem noch alles geklappt hat. Wir müssen sie aber fragen, ob sie eine Idee haben, wer ihnen aktiv schaden wollen würde. Und woher hat diese Person überhaupt die Mail-Adressen der Abo-Kundschaft?

Außerdem haben wir uns die Frage gestellt, ob es einen Zusammenhang mit der bereits zweimal aufgebrochenen Kasse gibt. Es ist theoretisch möglich, wir halten das aber für unwahrscheinlich, weil wir verschiedene Motive hinter beiden Taten vermuten. Das bedeutet, die drei !!! ermitteln nun in zwei Fällen an einem Tatort! Es bleibt spannend.

Geheimes Tagebuch von Kim Jülich
Donnerstag, 22:56 Uhr

▸ Hier gibt es nichts zu sehen, bitte klappen Sie dieses Tagebuch unverzüglich zu und entfernen Sie sich vom Tatort! Ich finde ohnehin raus, wenn ihr hier herumschnüffelt, Ben und Lukas, also lasst es lieber!!! ◂

Obwohl der Tag heute ganz anders gelaufen ist als erwartet, war es ein richtig guter Tag.

Das Ausliefern der Gemüsekisten mit Camilla hat superviel Spaß gemacht, die Leute waren alle unglaublich nett und haben sich wirklich gefreut, dass sie ihre Gemüsekiste doch noch bekommen. Das Trinkgeld durften wir sogar behalten. Wir wollten es Feli und Marta geben – aber davon wollten sie nichts wissen. Auch Franzi und Marie haben Trinkgeld bekommen, wir wollen zu viert davon Eis essen gehen. Das werden riesige Eisbecher oder wir gehen zweimal Eis essen ☺ Schön war heute auch, wie gut sich Marie und Franzi mit Camilla verstanden haben. Vielleicht hatte ich deswegen vorhin dieses überwältigende Gefühl? Oder weil wir Marta und Feli mit der Auslieferung helfen konnten?

Ja, das wird es sein. Also beides. Als Camilla mich angelächelt hat, war ich einfach nur froh, dass sich meine drei Freundinnen miteinander verstehen und wir dem Blumenfarm-Team helfen konnten. Das ist es.

Ein alter Streit flammt auf

Kim trug einen Hocker durch den Garten und stellte ihn neben der Hängematte ab, die sie zwischen zwei Bäumen befestigt hatte. Dann holte sie ein Tablett mit einem Teller mit Keksen, einem Glas Kakao mit Eiswürfeln und zwei Büchern vom Gartentisch herüber und stellte es auf dem Hocker ab. Mit einem wohligen Seufzen ließ sie sich in die Hängematte gleiten. Hier würde sie für den Rest des Tages bleiben und sich durch nichts und niemanden vom Lesen abhalten lassen. Sie schob sich ihre Sonnenbrille auf die Nase und klappte das erste Buch auf.

»Biep biep!« Das war Kims Handy. Sie kniff die Augen zusammen und nahm sich vor, nicht auf ihr Handy zu schauen. »Biep biep!« Noch eine Nachricht. Kim seufzte, dann zog sie ihr Handy aus der Tasche. Zwei Nachrichten von Marie:

Kim, Marta hat sich bei mir gemeldet. Die Kasse wurde schon wieder aufgebrochen! Wir müssen sofort hin und Fingerabdrücke nehmen. Wir wollten Marta und Feli doch ohnehin noch wegen der Mailsache von gestern befragen. Kannst du gleich losfahren?

Franzi ist unterwegs, wir treffen uns vor der Blumenfarm! Bis gleich.

Kim setzte sich auf, griff nach dem Glas eisgekühlten Kakao und trank es hastig aus. Dann eilte sie ins Haus, um ihren Detektivrucksack zu holen.

»Die Kasse wurde aufgehebelt«, sagte Marie. Der Deckel der schwarzen Metallkassette war verbogen.
»Wie viel Geld befand sich denn darin?«, fragte Franzi.
»Das ist ja das Merkwürdige«, sagte Feli, »es kann nicht viel gewesen sein. Wir haben die Kasse gestern spätabends geleert. Wer etwas kauft, den bitten wir ja, auf diesen Block zu notieren, was und wie viel er gekauft hat, damit wir den Inhalt der Kasse für die Buchhaltung nachvollziehen können. Demnach waren 12 Euro in der Kasse, vielleicht etwas mehr, falls jemand vergessen hat, seinen Kauf aufzuschreiben.«
»Und der Diebstahl muss sich heute Morgen ereignet haben?«, hakte Kim nach.
»Wir schließen das Häuschen seit dem zweiten Diebstahl nachts ab«, erklärte Feli. »Marta war heute sehr früh schon draußen, ich glaube, um halb fünf. Da hat sie hier aufgeschlossen. Ich muss jetzt leider dringend ins Büro, wenn ihr mich braucht, meldet euch.«
Kim pinselte die Kasse gewissenhaft mit Grafitpulver ein, erste Fingerabdrücke wurden sichtbar. Franzi hatte sich das Klebeband aus dem Rucksack genommen und klebte die Fingerab-

drücke auf der Kasse damit ab, zog das Klebeband wieder herunter und klebte die zahlreichen verschiedenen Abdrücke neben die Fingerabdrücke von Feli in das Detektivtagebuch für unterwegs.

»Die meisten Abdrücke sind verwischt«, stellte Marie fest, die über Franzis Schulter in das Heft blickte. »Und es sind bestimmt viele verschiedene Fingerabdrücke ... Wir können nur hoffen, dass der Täter oder die Täterin keine Handschuhe getragen hat. Und eigentlich müsste es noch mal eine Tat geben, damit wir die Fingerabdrücke abgleichen können.«

»Die richtigen Fingerabdrücke kommen schon noch«, sagte Franzi. »Hauptsache, wir haben jetzt erst mal alle von der Kasse.«

Ronja lief am Selbstbedienungshofladen vorbei. »Ronja, hallo!«, rief Marie.

Die Hofpraktikantin kam zu ihnen herüber. »Na, findet ihr etwas Brauchbares?«, fragte sie.

»Wir hoffen es zumindest«, antwortete Kim.

»Glaubt ihr, ihr findet wirklich die Fingerabdrücke des Täters auf der Kasse?«, fragte Ronja. »Ich meine, sie wird jeden Tag von etlichen Leuten angefasst – woher wollt ihr wissen, welche Fingerabdrücke die des Täters sind?«

»Das kommt darauf an«, sagte Franzi. »Wir sammeln jetzt alle Fingerabdrücke, ohne zu wissen, ob wir sie später wirklich noch benötigen oder die richtigen dabei sind. Manchmal ergibt sich erst mit der Zeit ein Gesamtbild, und die Indizien, wie Fingerabdrücke, können da das fehlende Puzzlestück sein.«

»Hast du eine Idee, warum die Kasse so oft aufgebrochen wird?«, fragte sie. »Obwohl manchmal, so wie heute Morgen, nur ein paar Euro drin sind.«

»Na ja, die Kasse ist leicht erreichbar. Gelegenheit macht Diebe«, vermutete Ronja. »Das Häuschen liegt direkt am Fahrradweg und die Kasse ist darin relativ unbeobachtet. Vielleicht sind es verschiedene Leute gewesen und nicht nur ein Täter. Dann wird es natürlich schwierig mit Fingerabdrücken.«

»Gestern ist außerdem die Sache mit der gefälschten Mail vorgefallen«, begann Franzi. »Hast du mitbekommen, ob Marta und Feli Ärger mit jemandem haben?«

Ronja wiegte den Kopf hin und her. »Ja, schon. Ich weiß aber nicht genau, was da los ist. Marta und Feli sind erst seit ungefähr drei Jahre hier auf dem Hof und haben einen etwas schwierigen Stand in der Nachbarschaft.«

»Wieso das denn?«, wunderte sich Kim. Sie konnte sich nicht vorstellen, dass Marta und Feli nicht herzlich in der Nachbarschaft aufgenommen worden waren.

»Wie gesagt, ich weiß es nicht genau. Am besten, ihr fragt Marta und Feli selbst«, sagte Ronja. »Ich glaube, die anderen Landwirte belächeln sie, weil sie so ganz anders arbeiten. Die kleinen Flächen, ausschließlich natürlicher Dünger, die Blumen, das alles eben.«

Auch Franzi und Marie waren verwundert. »Wir fragen sie später mal, was da los ist«, beschloss Franzi.

Vor der kleinen Hütte näherten sich Schritte. Es waren Marta und Feli, die vom Wohnhaus herüberkamen.

»Ronja, könntest du Koray unterstützen?«, bat Marta. »Er pflanzt die Gemüsejungpflanzen um und könnte Hilfe gebrauchen.«
Ronja verabschiedete sich von den Detektivinnen.
Bevor die drei !!! jedoch Marta und Feli zu den Andeutungen befragen konnten, die Ronja gemacht hatte, fingen die beiden schon mit einem anderen Thema an.
»Es reicht jetzt«, seufzte Marta. »Der Selbstbedienungsladen zieht in den Innenhof um. Wir messen gleich mal aus, wo er am besten hinpasst. Dort können wir dann auch eine Überwachungskamera aufhängen.«
»Einerseits schade«, fand Kim. »Das Holzhäuschen ist so einladend und nett, wenn man hier spontan vorbeikommt. Man *muss* einfach anhalten und reinschauen.«
»Ja, das ist wirklich schade«, sagte Feli niedergeschlagen. »Aber so kann es auch nicht weitergehen. Wir werden ein gut sichtbares, schönes Schild aufstellen, dass in den Innenhof weist. Das Scheunentor lassen wir offen stehen und werden noch mit Blumenkübeln schön dekorieren, sodass der Durchgang einladend aussieht.«
Draußen fuhr ein Traktor vor und hielt vor dem Hof an.
»Oh nee, Anrath«, zischte Marta.
Die beiden Frauen traten aus der Hütte, Kim, Franzi und Marie folgten neugierig.
Ein Mann stieg vom Traktor ab und kam in großen Schritten auf Marta und Feli zu. Seine Augenbrauen bildeten einen steilen Keil auf seiner Stirn, er schien wütend zu sein. »Kein Wasser!«,

rief er. »Es kommt kein Wasser aus dem Brunnen, habt ihr eine Ahnung, was da los ist?«

»Ist es jetzt geschafft und der Grundwasserspiegel so niedrig, dass kein Wasser mehr kommt?«, fragte Marta zurück.

Kim war von der Schärfe in Martas Stimme überrascht.

Der Mann schnaubte. Feli stieß Marta mit dem Ellenbogen an und ergriff das Wort: »Hast du schon beim Generator nachgeschaut, Jonas?«

»Natürlich nicht«, sagte der Mann. »Deine Freundin hat mir verboten, eure Felder zu betreten.«

Feli verdrehte die Augen. »Wann hört ihr beiden eigentlich mal auf?«

»Wenn er aufhört, die knappen Ressourcen unseres Planeten zu verschwenden!«, brauste Marta auf.

»Lächerlich«, sagte der Mann.

»Marta, es ist jetzt auch mal gut!«, sagte Feli streng. An den Mann gewandt sagte sie: »Und du hörst auf, Marta lächerlich zu nennen und zu provozieren!« Feli atmete tief durch. »Wir haben ein gemeinsames Problem. Das sollten wir wohl gemeinsam lösen. Wollen wir zum Generator gehen und nachsehen, ob da etwas nicht stimmt?«

»Können wir mitkommen?«, fragte Kim. Feli nickte und die drei Detektivinnen folgten ihr und den anderen über die Wiese neben dem Blumenfeld zu einem blauen Kasten, der neben einem grauen Rohr stand, das aus der Wiese ragte. »Das ist der Grundwasserbrunnen«, erklärte Feli. »Wir teilen ihn uns mit unserem Nachbarn Jonas Anrath.«

Jonas Anrath nickte grimmig. »Kein Wunder, dass kein Wasser kommt«, knurrte er. »Das Stromkabel, das vom Stromgenerator zur Wasserpumpe führt, ist zerschnitten. Seid ihr da mit eurem Schlepper drübergefahren?« Er deutete auf den blauen Kasten.
Jetzt sah Kim es auch: Ein schwarzes Kabel lag durchtrennt in der Wiese.
»Warum sollten wir das tun?«, fragte Marta.
»Damit ich meine Felder nicht gießen kann, das ist euch doch ein solcher Dorn im Auge! Kommt hierher und denkt, ihr macht alles besser. Na ja, wenn mir mein Hof nicht gehören würde, wäre ich vielleicht auch unbedarfter«, erklärte Anrath mit spöttischem Blick auf Marta und Feli.
Kim verstand kein Wort. Es schien ihr jedoch, als sei das nicht das erste Gespräch dieser Art zwischen den Nachbarn. Auch Franzi und Marie blickten verwundert zwischen Anrath, Marta und Feli hin und her.
Jetzt wurde Feli langsam wütend. Mühsam beherrscht schlug sie vor, das Kabel zu reparieren.
»Quatsch!«, stieß Anrath hervor. »Ich fahre zum Landhandel und hole ein neues! Statt hier mit einer Rolle Klebeband am Stromkabel rumzubasteln. Das könnt ihr auf eurem Spielplatz machen, den ihr Landwirtschaft nennt.«
»Danke, dass du *sofort* ein neues Kabel holen fährst und es dann auch austauschst«, sagte Feli mit zusammengebissenen Zähnen.
»Jaja«, brummelte Anrath und stapfte davon.
»Was war *das* denn?«, stieß Franzi hervor.

Marta lachte gequält. »*Das* war unser lieber Nachbar Jonas Anrath. Es ist etwas schwierig mit ihm.«

»Du sorgst aber auch nicht dafür, dass es einfacher wird«, schnaubte Feli. »Marta und Jonas streiten eigentlich bei jeder Begegnung«, berichtete sie an die Detektivinnen gewandt. »Das können sie stundenlang.«

Grimmig nickend sagte Marta: »Er bringt mich einfach auf die Palme mit seiner abfälligen Art.«

»Ronja hat vorhin bereits angedeutet, dass ihr es in der Nachbarschaft nicht sehr leicht habt«, begann Marie vorsichtig. »Liegt das an Anrath?«

»Auch«, seufzte Marta. »Wollen wir zum Hof zurückgehen? Also, ihr habt vielleicht schon gesehen, dass hier draußen ausschließlich landwirtschaftliche Betriebe sind. Wir selbst sind Quereinsteigerinnen. Ich habe Agrarwissenschaft in Spanien studiert, komme aber nicht von einem landwirtschaftlichen Betrieb. Feli ist eigentlich Grafikerin. Wir haben uns vieles selbst angeeignet und lernen noch. Uns war immer klar, dass wir eine andere Art von Landwirtschaft betreiben wollen.«

»Wir wollen mit der Natur arbeiten und nicht gegen sie«, erklärte Feli. »Dazu bauen wir auf kleiner Fläche viel an, fördern aber aktiv das Bodenleben und bauen Humus auf. So wird der Boden langfristig fruchtbarer, kann Wasser besser speichern und bindet mehr CO_2. Außerdem versuchen wir so viel in Handarbeit wie möglich zu machen, um weniger Ressourcen zu verbrauchen und unseren CO_2-Fußabdruck so gering wie möglich zu halten.«

»Was bedeutet das genau?«, fragte Franzi. »Ihr benutzt doch Werkzeuge für eure Arbeit?«

»Ja, das auf jeden Fall«, sagte Feli nickend. »Aber wir verzichten bei unserer Arbeit auf Maschinen. Zum Beispiel nutzen wir für die Bearbeitung der Beete keine Traktoren. So verbrauchen wir keinen Kraftstoff und müssen keine Ersatzteile anschaffen. Dadurch können wir zwar nur kleinere Flächen bewirtschaften, dafür können wir aber mehr Gemüse auf engerem Raum pflanzen, weil wir nicht auf Abstände achten müssen, die uns Pflanzmaschinen oder Traktorreifen vorgeben.«

»Dieses Vorgehen haben wir nicht erfunden, das haben wir uns angelesen und bei Praktika in den USA und Kanada auf winzigen Mikro-Farmen gelernt«, erzählte Marta. »Die Landwirte in unserer Nachbarschaft führen ihre Höfe zum Teil in dritter Generation. Für sie sind Maisfelder bis zum Horizont, mineralischer Dünger, mehrmaliges Pflügen im Jahr und tonnenschwere Maschinen, die den Boden verdichten, völlig normal. Das haben sie so gelernt, das ist einigermaßen erfolgreich und darum hinterfragen sie diese Art des Wirtschaftens nicht. Und wenn die Böden ausgelaugt sind, wird mit Gülle und künstlichem Dünger dagegengearbeitet. Das ist aber kurzfristig gedacht und nicht nachhaltig.«

»Wir wollen auch niemanden belehren!«, stellte Feli klar. »Aber wir sind mitten im Klimawandel. Zum einen wird es immer heißer und trockener, zum anderen nehmen Starkregen zu. Damit der Boden Wasser aufnehmen und speichern kann, muss er Struktur haben und nicht nur aus Staub bestehen. Wenn ein

Starkregen auf ein abgeerntetes konventionelles Maisfeld trifft, kann das Wasser nicht einsickern. Es prallt regelrecht ab und spült die obere Erdschicht weg. So kann es zu Überschwemmungen und Schlammlawinen kommen, wenn die Erde kein Wasser aufnehmen kann. Lockerer Boden, der Humus enthält und Struktur hat durch abgestorbenes Pflanzenmaterial, nimmt Wasser auf und speichert es auch. Das ist unser Ansatz. Wir möchten den Boden aufbauen und gleichzeitig auch dafür sorgen, dass er uns reichliche Ernten beschert. Denn Geld verdienen wollen und müssen wir ja auch.«

»Das klingt, als ob da unterschiedliche Denkweisen aufeinandertreffen«, fasste Franzi zusammen.

»So ist es«, seufzte Marta. »Aber wie gesagt: Wir wollen niemanden belehren, wir wollen nur unser Ding machen. Wir wollen so arbeiten, wie wir es für richtig halten. Und ehrlicherweise sind wir recht erfolgreich damit. Das sorgt auch für Erstaunen: Wir sind Frauen, kommen ursprünglich aus einer Großstadt, sind einigermaßen jung, machen vieles anders *und* sind auch noch erfolgreich.«

»Da kommt Neid auf?«, hakte Kim nach.

Feli zuckte mit den Schultern. »Vielleicht. Auch das Thema SoLaWi haben wir mit auf den Hof gebracht, das war hier in der Gegend neu. Im vergangenen Jahr war mehrfach das Lokalfernsehen bei uns, um uns und die Blumenfarm zu porträtieren. Auch in der Zeitung sind wir öfter. Und kennt ihr die Influencerin *Foodlover Lara*?«

Kim, Franzi und Marie nickten.

»Sie ist Mitglied unserer SoLaWi und erzählt davon in ihren Videos, zeigt Rezepte mit unserem Gemüse und macht so auch Werbung für uns«, erklärte Marta. »Landwirtschaft ist ein harter Job – viel Arbeit für nicht so wahnsinnig viel Geld. Ich glaube, einige unserer Nachbarn denken, uns fällt das alles in den Schoß.«

»Aber ihr arbeitet doch auch hart«, sagte Franzi verblüfft.

»Euch gehört der Hof gar nicht!«, fiel Kim ein. »Das hat Anrath gesagt, oder?«

»Das ist auch noch so ein Thema«, meinte Feli geknickt. Inzwischen waren sie am Hof angekommen. Sie ließ sich auf die Bank vor dem Haus fallen. Feli erklärte ihnen, dass der Hof der Stadt gehörte. »Die vormalige Besitzerin hat ihn der Stadt vermacht, weil sie keine Kinder und keine nahen Verwandten hatte. Sie hat verfügt, dass die Stadt eine Ausschreibung veranstalten soll, für die sich Leute mit nachhaltig-ökologischem Konzept bewerben können, um diesen Hof zu bewirtschaften.«

»Man musste ein Konzept einreichen und das ging dann durch mehrere Bewerbungsrunden«, fügte Marta hinzu. »Und wir haben diese Ausschreibung mit unserem Konzept vom Blumen- und Gemüseanbau auf kleinstem Raum im Rahmen einer Solidarischen Landwirtschaft gewonnen. Jetzt können wir hier so lange leben und arbeiten, wie wir im Sinne der Vorbesitzerin Annmieke van der Bloemen handeln.«

»Das ist auch die Geschichte, warum wir unseren Hof *Blumenfarm* nennen, obwohl wir ebenfalls Gemüse anbauen«, erklärte Feli strahlend.

Kim schwirrte der Kopf. Sie hatte gar nicht gewusst, was alles dahintersteckte, einen Bauernhof zu bewirtschaften. Wie schade, dass nicht alle Landwirte zusammenhielten, auch wenn sie unterschiedliche Wege beschritten. Im Grunde wollten doch alle das Gleiche und waren schließlich Kollegen und Nachbarn.

»Und was hat Anrath dagegen?«, fragte Marie.

»Nach dem Tod Annmieke van der Bloemens hatte er gehofft, einige Felder zu übernehmen oder zu kaufen. Was aber wegen der Schenkung an die Stadt nicht möglich war. Er hat auch mehrmals versucht, uns davon zu überzeugen, ihm Weidefläche zu verpachten, aber damit würden wir gegen den Projektvertrag verstoßen. Wenn das herauskäme, würden wir womöglich vom Hof fliegen.«

»Deswegen ist er noch immer etwas enttäuscht«, vermutete Marta. »Es ist nicht leicht, landwirtschaftliche Flächen zu finden, die sind stark umkämpft. Das kann schon nachteilig für Anrath sein, wenn er sich vergrößern möchte und keine Weiden oder Äcker findet. Aber wir dürfen ihm schlicht nichts verpachten, wenn wir hier weitermachen wollen.«

Ein Ruf hallte über den Innenhof. Das war Koray. Er rief noch mal etwas, aber Kim verstand nicht, was.

Wo ist Siegfried Schnatterbeck?

»Habt ihr die Laufenten gesehen?«, japste Koray, als er vor ihnen zum Stehen kam.

»Nein, sind sie nicht in den Gemüsebeeten?«, fragte Marta.

Koray schüttelte den Kopf. »Da komme ich gerade her, ich wollte ihr Trinkwasser auffüllen. Aber sie sind weg.«

Feli war alarmiert. Die Laufenten entfernten sich üblicherweise nicht aus dem Gemüsegarten, weil sie dort ausreichend Futter, ihren Schwimmteich und ihren Stall vorfanden. Zwar waren Laufenten äußerst neugierige und aktive Tiere, aber wie sollten sie den Zaun überwinden, der die Gemüsebeete der Farm umgab? »Hast du ein Loch im Zaun entdeckt oder war das Gatter geöffnet?«, fragte Feli.

»Das Gatter war geschlossen und nach Löchern im Zaun habe ich bis jetzt nicht geschaut«, gab Koray zu. »Ich wollte die Enten erst mal finden.«

»Wir helfen euch suchen!«, versprach Marie.

»Hoffentlich hat noch kein Fuchs oder Greifvogel sie entdeckt«, seufzte Feli.

»Oder ein Marder«, sagte Koray düster.
Kim schüttelte sich, daran mochte sie gar nicht denken. Hoffentlich würden sie die putzige Entenschar schnell finden!
Koray und Feli machten sich auf in Richtung Gemüseacker, Feli rief Ronja an, damit sie bei der Suchaktion half.
»Ob sie durch den Zaun entwischt und am Hof entlanggewatschelt sind?«, überlegte Franzi.
»Dann wären sie aber am Fahrradweg oder noch schlimmer schon an der Hauptstraße«, befürchtete Kim. »Lasst uns dort schnell nachsehen!«
Die Detektivinnen verließen den Innenhof.
»Oder sie sind in den Blumen«, sagte Marie. »Sie hatten vielleicht genug vom Gemüse.«
Kim hatte zwei Frauen entdeckt, die auf dem Radweg gegenüber vom Wohnhaus standen. Sie fotografierten etwas. Womöglich den wunderschönen Vorgarten, dachte Kim. Sie ging eilig zu den Frauen hinüber. »Hallo, entschuldigen Sie bitte!«, rief Kim. Die Frau mit dem Handy erschrak etwas und beide wandten sich Kim zu.
»Hallo, was gibt es denn?«, fragte die andere Frau und nahm ihre Sonnenbrille ab.
»Haben Sie zufällig Laufenten gesehen?«, fragte Kim. »Also mindestens eine und bestenfalls zehn?«
Die beiden Frauen sahen überrascht aus. »Nein, wir haben deine Enten leider nicht gesehen«, sagte die größere der Frauen schließlich.
»Schade, trotzdem danke!«, sagte Kim und lief zu Marie und

Franzi zurück. Die beiden streiften systematisch durch die Reihen auf dem Blumenfeld. Da waren die Enten aber auch nicht. Plötzlich hörte Kim ein Geräusch. Sie horchte auf. »War das ein Schnattern?«

Franzi zuckte mit den Schultern. »Kann sein, aber vielleicht gibt es in der Nähe Stockenten, die klingen fast genauso. Wir sollten nachsehen!«

Kim hatte den Eindruck, dass das laute Schnattern aus Richtung der Mietäcker gekommen war. Dort waren die Enten jedoch nicht.

»Sonst wäre hier auch kein Salat mehr übrig«, sagte Franzi trocken. In diesem Moment quakte es erneut.

»Da drüben bei den Weiden ist ein kleiner Bach!«, rief Marie. Kim und Franzi folgten ihr. Wieder schnatterte es laut, Marie stieß einen gedämpften Überraschungsschrei aus.

»Marie, alles in Ordnung?«, fragte Franzi und beeilte sich, um schneller bei ihrer Freundin zu sein.

»Ja«, ächzte Marie, »ich habe sie gefunden.«

Kim hatte Franzi eingeholt und starrte wie sie auf Maries Füße. Dort stand Siegfried Schnatterbeck und zupfte an Maries Sandalen. Die anderen Enten waren am und im Bach.

»Wie kommt ihr denn hierher?«, fragte Franzi.

»Geflogen sind sie jedenfalls nicht«, antwortete Kim. »Wir sollten Feli und Marta Bescheid sagen, oder?«

Franzi rief Marta an und wenige Minuten später kamen sie, Feli, Koray und Ronja mit zwei Keschern und Transportkisten vom Hof herüber.

»Koray, Ronja, ihr stellt euch am besten dort drüben hin, Feli und ich bleiben hier«, schlug Marta vor und gab Ronja einen der Kescher, den sie mit unbehaglichem Gesichtsausdruck direkt an Koray weiterreichte. An Kim, Franzi und Marie gewandt sagte Marta: »Könnt ihr euch zwischen uns stellen und den Enten den Weg abschneiden, falls sie ausbüxen wollen?«
Dann nickte sie Koray zu und die beiden begannen, die Enten rasch mit beiden Händen oder mithilfe der Kescher einzufangen und sie vorsichtig in die Tiertransportboxen zu setzen, die Ronja und Feli bereithielten.
Zum Schluss war nur noch Herr Schnatterbeck übrig, der nicht von Maries Seite gewichen war.
Franzi nahm ihn vorsichtig hoch und setzte ihn in eine Kiste, in der schon zwei andere Enten geduldig warteten.
»Wie habt ihr die Rasselbande denn gefunden?«, fragte Marta erleichtert.
»Wir sind ihrem Schnattern gefolgt«, erklärte Franzi grinsend. »Und dann hat Siegfried Schnatterbeck Marie gefunden.«
»Zum Glück haben wir sie wieder«, sagte Feli strahlend. »Ihr glaubt nicht, was wir entdeckt haben: Jemand hat Löcher in den Zaun rund um die Gemüsebeete geschnitten!«
»So konnten die Enten wohl entkommen«, fügte Ronja hinzu.
»Was? Das ist gemein!«, empörte sich Kim. An Franzi und Marie gewandt sagte sie: »Wir müssen gleich nach Spuren suchen!«
»Koray hat die Löcher bereits provisorisch geflickt«, gab Mar-

ta zerknirscht zu. »Wir mussten schnell handeln, damit keine Hasen oder Wildkaninchen die Löcher im Zaun finden. Sonst hätten wir unserer Kundschaft wirklich einen Ernteausfall verkünden müssen.«

»Das verstehen wir natürlich«, meinte Kim. »Wir schauen uns trotzdem dort gleich noch mal um. Habt ihr etwas entdeckt, Spuren oder ein Tatwerkzeug?«

Das Team der Blumenfarm verneinte.

Die Detektivinnen halfen zunächst, die Enten in ihren Stall am Rand der Gemüsebeete zu bringen. Die Laufenten flohen regelrecht aus den Kisten und schnatterten dabei erbost. Zumindest war Kim überzeugt, dass es erbostes Schnattern war. Koray ging sicher, dass die Tür des Stalles fest verschlossen war und die Enten heute nicht noch einmal ausbüxen konnten. Zumal der Abend nun schon deutlich dämmerte. Die Wiese und die Gemüsebeete waren in warmes orange-rosarotes Licht getaucht, die Schafe zeichneten sich auf ihrer Weide schwarz vor dem flammenden Himmel ab.

»Das war ein langer Tag«, seufzte Marta. »Danke euch, wieder einmal, für eure Hilfe!«

»Ach, das machen wir doch gerne!«, sagte Franzi. Und Marie fügte hinzu: »Wir sind gerne hier. Und haben hoffentlich bald nicht nur den Fall der verschwundenen Laufenten gelöst.«

Feli und die anderen verabschiedeten sich, aber die Detektivinnen wollten noch den Zaun untersuchen. Die vormaligen Löcher waren noch gut zu erkennen, da Koray die grünen Netze mit rotem Garn repariert hatte. Leider waren keinerlei Spuren

zu finden. »Da es mehrere Löcher über den gesamten Zaun verteilt sind«, schlussfolgerte Marie, »ist das eindeutig Sabotage.« Die drei !!! waren sich einig. Nur leider hatten sie immer noch keine Indizien, die auf Motiv oder Täter schließen ließen.
»Auf jeden Fall weiß die Täterin oder der Täter über den Hof Bescheid«, überlegte Franzi laut. »Er oder sie weiß, dass die Enten hinter den Hofgebäuden sind. Und dass es auch eine Gefahr für die Ernte sein kann, wenn Wildtiere durch die Löcher im Wildschutzzaun eindringen können – das muss man erst mal wissen. Auch, dass er oder sie an diesem Nachmittag unbemerkt hier umherschleichen kann.«
»Das spricht schon für ihren Nachbarn, diesen Jonas Anrath«, meinte Kim. »Er hat ein Problem mit dem Betrieb von Marta und Feli, er nimmt sie als starke Konkurrenz wahr und hat Interesse an ihren Feldern.«
»Obendrein streitet er leidenschaftlich gern mit Marta. Und sie mit ihm«, fügte Marie hinzu.
Franzi nickte langsam. »Ja, vielleicht ist Jonas Anrath eine mögliche Spur.«
Schweigend machten sich die drei auf den Weg zu ihren Fahrrädern, die wie immer vor dem Hof am Blumenfeld parkten. Der Traktor von Jonas Anrath war auch wieder vorm Hof abgestellt, womöglich reparierte er den Stromgenerator, überlegte Kim. Ihr Blick schweifte über das Blumenfeld.
Kim dachte nach. Nicht über die Vorkommnisse auf dem Hof, sondern darüber, was sie vergessen hatte. Etwas wollte sie heute noch erledigen … Als ihr Blick auf die prachtvoll leuchtenden

Blumen vor dem Hof fiel, erinnerte sie sich wieder: »Ich wollte einen Blumenstrauß pflücken!«, rief Kim. Das hatte sie komplett vergessen!

Die Freundinnen streiften durch die Reihen der prächtig blühenden Blumen.

Franzi und Marie begleiteten Kim gern. Zuerst holte sie sich aus dem Selbstbedienungshäuschen eine Blumenschere und einen Eimer, in den sie die Blumen zunächst hineinstellen konnte.

»Gibt es bestimmte Blumen, die man auswählt, wenn man jemanden sehr mag?«, fragte Kim und ging nachdenklich durch die Blumenreihen.

»Rosen natürlich«, sagte Franzi. »Aber die wachsen hier nicht.«

»Blumen, die der Person gefallen«, schlug Marie vor. »Mag David denn Blumen?«

»David?«, wunderte sich Kim. »Keine Ahnung. Bestimmt.«

Marie und Franzi tauschten einen verdutzten Blick aus.

»Ich finde, Jungs und Männern kann man auch Blumen schenken!«, sagte Franzi.

»Klar«, sagte Kim. »Es ist doch komisch, dass manche Geschenke typisch für ein bestimmtes Geschlecht sein sollen. Wer freut sich denn bitte nicht über Blumen?«

»Bei David bist du dir nicht so sicher«, sagte Marie.

»Wieso denn jetzt schon wieder David?«, fragte Kim und blieb stehen.

»Na ja«, begann Marie, »du wolltest doch einen Blumenstrauß für eine Person pflücken, die du sehr magst. Und da dachte ich, die Blumen sollen ein Geschenk für David sein.«

Kim fühlte sich ertappt. An David hatte sie überhaupt nicht gedacht! Sie räusperte sich umständlich. »Also ... Ich bin morgen Vormittag mit Camilla verabredet und ihr hat das Blumenfeld so gut gefallen, da dachte ich ...«
Wieder warfen sich Franzi und Marie einen Blick zu. »Wann hast du David denn zuletzt gesehen?«, fragte Marie möglichst beiläufig.
Kim überlegte. »Neulich erst. Dienstag! Wir waren am Dienstag zusammen im Freibad.«
Sie wusste genau, worauf Marie hinauswollte: Kim traf sich viel häufiger mit Camilla als mit ihrem Freund. Und wenn sie ganz ehrlich war, verbrachte sie ihre Zeit tatsächlich lieber mit Camilla oder mit Franzi und Marie. »Du weißt doch genau, dass David total viele Hobbys hat«, verteidigte sich Kim. »Außerdem muss er seine Ferien zwischen seinem Vater und seiner Mutter aufteilen, seit die beiden getrennt sind, und ist gefühlt ständig irgendwo im Urlaub.«
»Wo denn?«, fragte Franzi mit Unschuldsmiene.
»Ach«, machte Kim und winkte ab. »Können wir jetzt weiter Blumen pflücken? Frag David doch, wenn du so interessiert an seinem Ferienprogramm bist.« Kim ging hastig weiter. Aber ein schlechtes Gewissen pikste in ihrer Brust. Sie nahm sich vor, David heute Abend noch anzurufen.

Ein Unwetter braut sich zusammen

»Schade, dass Britt und Stefan in etwas mehr als einer Woche schon zurückkommen«, meinte Marie.

»Das hätte ich nicht erwartet«, rief Franzi ehrlich erstaunt. »Ich habe sogar überlegt, ob ich dich überhaupt fragen soll, ob du Lust hast, mit uns die Urlaubsvertretung zu übernehmen.«

Marie schüttelte empört den Kopf. »Kennst du mich denn überhaupt nicht?« Dann wandte sie sich wieder den Bohnen zu, die sie abpflückte. »Zum Glück sind die Bohnen lila, sonst würde ich die in diesem grünen Strauch gar nicht sehen.«

Franzi betrachtete ihre Freundin weiterhin verwundert. »Wenn du so begeistert bist, dann sollten wir uns vielleicht im nächsten Jahr einen eigenen Gemüseacker hier auf dem Hof mieten!«

Kim kicherte. Sie war sehr auf Maries Antwort gespannt.

»Na ja, also ich habe gesagt, ich komme gerne hierher. Auf den Hof. Ob mein neues Hobby jetzt Bohnen ernten sein wird ... weiß ich nicht. Ich esse das Gemüse lieber.« Marie legte eine Handvoll dunkelviolette Bohnen in den Erntekorb, in dem schon Rucola, Basilikum, Tomaten und zwei Paprika lagen.

Kim griff nach den zwei grünen Gießkannen, die am Rand der Gemüseparzelle standen. »Ich hole noch mal frisches Wasser«, verkündete sie.

Weil ein Ende der Trockenperiode nicht in Sicht war, hatten sich Marta und Feli dazu entschlossen, einen großen Regenwassertank mit Grundwasser zu befüllen. Jonas Anrath hatte das kaputte Kabel ausgetauscht und der Stromgenerator lief wieder, mit dem die Grundwasserpumpe betrieben wurde. Offenbar hatten sich außerdem einige Mieter von Gemüseäckern beschwert, dass kein Wasser zur Verfügung stand und ihr Gemüse einging. Auch die Blumen hatte Feli am Vormittag bewässert. Das hatte ihnen Koray erzählt, als sie vor einer guten halben Stunde am Hof angekommen waren.

Kim befüllte die beiden Gießkannen. Der Wassertank war am Rand der Mietäcker aufgestellt. Sie hatte den Eindruck, als würden die Blumen wesentlich frischer und leuchtender aussehen als vorgestern. Als beide Kannen gefüllt waren, steckte Kim ihre Hände in eine der Gießkannen. Das Wasser war herrlich erfrischend und kühlte Kims Handgelenke angenehm. Heute war es sehr schwül, schon beim Aufwachen hatte Kim Kopfschmerzen gehabt. Die waren inzwischen zum Glück verflogen, aber die drückende Hitze leider nicht. Obwohl es früher Abend war, stellte sich noch keine Kühle ein. Kim wischte mit ihren nassen Handgelenken über ihre Stirn. Dann trug sie die Gießkannen zu Franzi und Marie. »Haltet mal eure Hände in das Wasser, das tut wirklich gut«, sagte Kim. Marie und Franzi nahmen ihren Vorschlag dankbar an.

Nach der Abkühlung goss Kim das Beet und sie hatte das Gefühl, die Gemüsepflanzen würden das Wasser direkt aufsaugen.

»Dann sind wir jetzt durch, oder?«, fragte Franzi und stützte sich auf die Hacke, mit der sie den Boden oberflächlich leicht gelockert hatte. »Stefan und Britt bringen uns hoffentlich etwas aus dem Urlaub mit«, meinte Franzi lachend. »Ich glaube, so gut wie von uns war ihr Gemüsebeet in diesem Jahr noch nicht gepflegt.«

»Wir machen das wirklich gut«, bestätigte Marie. »Aber lasst uns jetzt aufbrechen, ich möchte mich am liebsten nach Hause zaubern und mich ausgestreckt auf den kalten Fliesenboden in der Eingangshalle legen.«

Franzi nickte. »Das kann ich nachfühlen.« Sie nahm die Hacke und Kim die leeren Gießkannen. Das Werkzeug räumten sie in den dafür vorgesehenen Unterstand am Rand der Mietäcker.

»Was habt ihr heute Abend noch vor?«, fragte Marie, als sie ihre Fahrräder aufschlossen.

Aber Franzi und Kim kamen nicht zum Antworten. Etwas schien auf der Blumenfarm vorgefallen zu sein. Koray und Ronja stürmten aus dem Wohnhaus, wenige Augenblicke später folgte ihnen Feli. Fast lief sie die beiden Frauen auf dem Weg vor dem Haus über den Haufen, die Kim vor einigen Tagen angesprochen hatte, als sie die Laufenten gesucht hatten.

»Sollen wir nachsehen?«, fragte Franzi.

»Ich denke schon«, antwortete Marie und schloss ihr Fahrrad wieder ab.

Im Innenhof war das Team nicht. Franzi lief zur offenen Seite, um nachzuschauen, ob jemand auf dem Gemüsefeld oder bei den Schafen war, aber auch dort war niemand zu sehen. Auf dem Gemüsefeld gab es einen langen Folientunnel, in dem Tomaten und Auberginen wuchsen. Franzi glaubte, dort Bewegung zu sehen. »Kommt«, sagte sie und ging mit langen Schritten zu dem Gewächshaus. Marie und Kim folgten ihrer Freundin eilig.

Tatsächlich waren Marta, Feli, Koray und Ronja im Folientunnel. Kim ächzte, als ihr die Hitze entgegenschlug. Obwohl die Seiten des Tunnels aufgerollt waren, damit es für die Tomaten und Auberginen nicht zu heiß wurde, war es drinnen unerträglich warm. »Marta, Feli?«, rief Kim. »Braucht ihr Hilfe?« Im hinteren Bereich des Tunnels öffnete sich eine Tür. Ronja schaute heraus. »Wir haben hier ein Problem«, erklärte sie angespannt.

Kim wandte sich zu Franzi und Marie um und nickte. Die drei !!! durchquerten den Folientunnel zwischen zwei Reihen Tomatenpflanzen.

»Was ist denn los?«, fragte Franzi, als sie am abgetrennten Bereich im hinteren Teil des Folientunnels angekommen waren.

»Das hier ist unsere Jungpflanzenanzucht«, erklärte Feli. Sie war über eine Art schwarzes Tablett mit Vertiefungen gebeugt. Die Vertiefungen waren mit Erde gefüllt und darauf lagen, kaum zu sehen, kleine verschrumpelte Pflänzchen.

»Die Bewässerung hat ein Leck«, sagte Marta. »Unsere Jungpflanzen müssen wir täglich bewässern, weil die Erde nie trocken werden darf. Die jungen Pflänzchen sind sehr empfindlich und reagieren schnell auf Hitze und zu wenig Wasser. Darum sind tagsüber alle Seitenwände geöffnet und der Ventilator läuft. Aber wenn das Wasser ausfällt, ist nichts mehr zu retten«, sagte Marta und deutete unwirsch auf die zahlreichen mit Erde gefüllten Tabletts, die auf einem Tisch und in Regalen standen.

»Also waren die Pflanzen heute Morgen noch in Ordnung und jetzt sind sie kaputt?«, fragte Kim.

Feli nickte. »Genau. Und die Arbeit von einem gesamten Tag und unsere Ernte in vier Wochen sind hinüber.«

»Habt ihr das Leck denn schon gefunden?«, fragte Kim.

Marta führte sie aus dem Tunnel heraus zu einem großen Wassertank wie er auch an den Mietäckern stand. Nur stand dieser Tank auf einer Art Podest.

»Hier an dem Schlauch«, sagte Marta. Sie hob einen dünnen schwarzen Schlauch hoch. »Der Tank steht erhöht, damit das Wasser automatisch in den herabhängenden Schlauch läuft. Wenn wir das Wasser nicht benötigen, drehen wir den Hahn zu. Im Hochsommer kommt mehrmals am Tag jemand von uns hierher, um die Wasserzufuhr zu öffnen und die Jungpflanzen zu wässern. Jetzt ist er zugedreht, nur hat jemand einen Schlitz in den Schlauch geschnitten. Der Tank ist darum fast leer und der Boden komplett nass.« Marta trat auf das Gras unter dem Wassertank und es platschte feucht.

Marie hatte Marta den Schlauch aus der Hand genommen und betrachtete den Schnitt. »Wurde vermutlich mit einer scharfen Klinge gemacht«, erklärte sie. »Das geht im Grunde mit jedem sehr scharfen Messer.«

»Wer steckt dahinter?«, fragte Franzi fassungslos. Auch Kim konnte kaum glauben, dass jemand Martas und Felis Hofprojekt derart sabotierte.

»Das wüsste ich auch gern«, sagte Marta mit hängenden Schultern. »Langsam wird es echt entmutigend.«

»Wir versprechen, dass wir alles tun, um den Täter schnellstmöglich zu ermitteln«, sagte Marie. »Können wir sonst noch etwas für euch tun?«

»Eure Hilfe wird langsam schon fast zur Gewohnheit«, sagte Marta seufzend. »Aber nur, wenn ihr wirklich noch etwas Zeit habt.«

Die drei !!! versicherten, dass sie jede Menge Zeit hatten. Marta überlegte kurz und rang sich dann doch dazu durch, Kim, Franzi und Marie erneut um einen Gefallen zu bitten. Drei Minuten später war eine Arbeitsstraße im Jungpflanzenanzuchttunnel aufgebaut. Ronja und Kim füllten die Anzuchttabletts mit spezieller Erde, Feli, Marta und Koray verteilten Gemüsesamen darauf und Franzi und Marie steckten beschriftete Schilder in die Tabletts. Koray, Feli und Marta waren so schnell, dass sie kaum hinterherkamen.

»So, das war die letzte Palette Salat«, verkündete Marta.

»Ach schade, jetzt hatte ich gerade das Gefühl, ich kann mit eurer Geschwindigkeit mithalten«, sagte Franzi lachend.

Ein markerschütterndes Donnern unterbrach Franzis Lachen. Kim war sich sicher, dass der Boden unter ihren Füßen erzitterte. Niemandem von ihnen war aufgefallen, dass sich der Himmel fast schwarz gefärbt hatte.

Marta und Feli waren blass geworden. »Oh nein«, hauchte Feli. »Wir müssen uns beeilen. Schnell, Koray und Ronja, Tunnel schließen. Marta, du deckst das Gemüse mit Vlies ab, ich mache dasselbe vorn bei den Blumen.«

»Was ist denn los?«, fragte Kim.

»Gewitter«, sagte Marta nur. »Vielleicht Hagel. Das kann alles zerstören.«

Es donnerte erneut, direkt gefolgt von einem Blitz, der den finsteren Himmel erhellte.

»Das Gewitter ist direkt über uns«, sagte Franzi.

»Was machen wir denn jetzt?«, fragte Marie mit weit aufgerissenen Augen.

»Rein!«, rief Koray. »In die Küche. Wir kommen gleich.«

In diesem Moment prasselte ein heftiger Regen los. Der Lärm im Folientunnel war ohrenbetäubend.

»Los, lauft rüber zum Haus!«, rief Koray noch einmal.

Franzi streckte ihre Hände aus, Marie und Kim ergriffen sie dankbar.

»Los!«, rief Franzi gegen den Lärm an. Sie rannten. Zuerst mussten sie ein Stück durch den Gemüsegarten, dann erreichten sie die Scheunenwand. Bereits nach wenigen Schritten war Kims Kleidung komplett durchweicht, auch Marie und Franzi sahen tropfnass aus.

»Wir bleiben ganz dicht an der Wand«, erklärte Franzi. »Bis zur Haustür ist es nicht mehr weit.« Sie drückte die pitschnassen Hände ihrer Freundinnen, es donnerte noch einmal sehr laut und lang. Kim schloss die Augen. »Los, weiter!«, sagte Franzi.

Die drei warfen sich regelrecht in den Hausflur. Dort bildeten sich schnell drei Pfützen zwischen ihren Füßen. Feli erreichte das Haus als Nächste. »Ich hole erst mal Handtücher«, schlug sie vor. »Und Wechselkleidung, Martas Sachen könnten euch vermutlich passen.«

Die drei !!! trockneten sich im Gästebadezimmer ab und zogen die Hosen und Shirts von Marta an, die ihnen Feli gebracht hatte.

»Ich bin richtig durchgefroren«, sagte Kim und schüttelte sich. Sie öffnete die Tür des kleinen Badezimmers. Im Flur roch es verführerisch nach warmem Kakao. Kim folgte dem Duft in eine gemütliche Wohnküche. Feli hatte sich ein Handtuch um die nassen Haare gewickelt und war auch schon umgezogen.

»Marta, Koray und Ronja haben es auch geschafft«, erklärte sie. »Sie wechseln noch ihre Kleidung. Setz dich doch.« Feli deutete mit dem tropfenden Kochlöffel auf eine Couch. Draußen war es noch immer düster. Der Regen peitschte gegen die Fenster.

Feli verteilte den dampfenden Kakao auf die bereitstehenden sieben Tassen.

Der Regen prasselte nun stärker und Feli starrte mit gerunzelter Stirn hinaus. »Hagel«, sagte sie monoton. »Das könnte es dann gewesen sein.«

»Was könnte was gewesen sein?«, fragte Franzi, die mit Marie die Küche betrat.

»Es hagelt«, sagte Feli und reichte die Kakaotassen weiter. »Ein Sommerhagel kann alle Pflanzen zerstören. Und dann war es das mit dieser Blumensaison und für sechs Wochen mit Gemüse. Erst dann können wir das ernten, was wir heute gesät haben.«

Marta polterte die Treppe herunter. »Hagel!«, rief sie. »Was machen wir denn jetzt?«

»Nichts«, sagte Feli. »Warten. Hoffen. Wir haben alles abgedeckt, mehr können wir nicht tun.« Sie drückte auch ihrer Freundin eine Tasse Kakao in die Hand.

Wieder donnerte es und das Licht flackerte in der Küche. Dann erlosch es ganz.

»Nicht das auch noch«, stöhnte Feli. »Bitte kein Stromausfall.«

Doch es blieb dunkel. Koray und Ronja leuchteten mit ihren Handytaschenlampen, damit sie sicher die Treppe hinunter in die Küche gelangten.

Marta hatte Kerzen angezündet.

»Es gibt keinen Empfang«, sagte Marie. »Ich wollte zu Hause Bescheid geben, dass ich hier bin.«

Auch Kim war mulmig zumute, hoffentlich machten sich ihre Eltern nicht allzu große Sorgen.

»Bestimmt gibt es gleich wieder Handyempfang«, tröstete Marta. »Für Funkmasten gibt es Notstromaggregate, es dauert bestimmt nicht mehr lang.«

»Marta, hatten wir nicht mal dieses Kurbelradio? Das hatten wir doch gekauft, weil in Griechenland ständig der Strom ausgefallen war. Wo ist denn das?«, fragte Feli.

»Gute Frage«, fand Marta. »Ich gucke mal nach.«

»Marta und ich haben ein Auslandssemester in Griechenland gemacht«, erklärte Feli. »Dort fiel häufig der Strom aus und aus unerklärlichen Gründen hat uns Martas Vater ein Radio geschickt, für das man durch Drehen einer Kurbel Strom erzeugen kann.«
»Ich hab's!«, rief Marta. Ihre Stimme klang dumpf und ziemlich weit entfernt.
»Jetzt habe ich wieder Empfang«, verkündete Marie erleichtert. Auch Kim fiel ein Stein vom Herzen. Die drei schrieben ihren Eltern, dass sie auf der Blumenfarm im Trockenen und in Sicherheit waren.
In der Zwischenzeit war Marta zurückgekehrt und kurbelte angestrengt Strom für das Radio. Sie stellte es ab, richtete die Antenne auf und schaltete das Gerät ein. Es funktionierte! Marta stellte einen lokalen Sender ein, auf dem eine Frau mit ernster Stimme die regionalen Nachrichten vorlas, die hauptsächlich aus einem Bericht zur aktuellen Wetterlage bestanden. Und die war erschreckend. Zahlreiche Straßen waren überflutet. Aus Gullys sprudelte das Wasser hervor, weil es in der Kanalisation nicht mehr abfließen konnte, so stark waren die Regenfälle. Es sollte voraussichtlich noch mehrere Stunden bis in die Nacht hinein weiterregnen.
Kim schaute in die Gesichter ihrer Freundinnen, die sie im fahlen Schein der Kerzen mehr erahnen als sehen konnte. Vermutlich sahen sie so besorgt aus wie Kim sich fühlte.
»Tja«, sagte Marta und drehte das Radio leiser, aus dem jetzt Musik erklang. »Das heißt wohl, wir veranstalten eine Pyjama-

party. Habt ihr etwas dagegen, wenn wir euch hier in der Küche ein Schlaflager errichten?«

Zuerst gab es noch ein improvisiertes Abendessen im Halbdunkel und danach zogen Franzi und Marie das Sofa aus, Marta und Feli suchten mit Stirnlampen ausgestattet nach Bettlaken, Decken, Kissen und einer Luftmatratze, falls es Kim, Franzi und Marie auf dem Sofa zu eng werden sollte.

»Wir testen das mal zu dritt«, schlug Franzi vor. Es war ein bisschen eng, aber kuschelig. Kim war es ganz recht, nicht allein auf einer Luftmatratze in der geräumigen Wohnküche zu liegen. Die drei hatten bereits ihren Eltern Bescheid gesagt und von Marta noch einmal Kleidung zum Schlafen bekommen. Nachdem sich Marta, Feli, Koray und Ronja in ihre Schlafzimmer im Obergeschoss zurückgezogen hatten, war es ganz ruhig geworden. Es gab weiterhin keinen Strom und der Regen schlug unbeirrt gegen die Fensterscheiben.

»Glaubt ihr, es sind wirklich alle Pflanzen vom Hagel und Regen zerstört worden?«, fragte Kim in die Dunkelheit hinein.

Franzi raschelte mit der Bettdecke. »Das kann schon sein«, sagte sie schließlich. »Dafür waren die beiden überraschend ruhig und fröhlich heute Abend.«

»Aber Feli hat ja recht«, warf Marie ein, »sie haben alles getan, was sie in der kurzen Zeit tun konnten, um die Pflanzen zu schützen. Bestimmt stehen sie morgen ganz früh auf, um direkt nachzusehen.«

»Ich hatte vorhin richtig Angst, als das Gewitter begann«, sagte Kim leise.

»Ich auch«, sagten Franzi und Marie gleichzeitig.
Kim kicherte. »Dann ist ja gut. Zusammen Angst haben ist ein bisschen weniger schlimm.«
Dann sagte niemand mehr etwas. Kim fielen die Augen zu, sie drehte sich auf die Seite.
»Wisst ihr was?«, sagte Marie.
»Marie, hast du mich erschreckt!«, flüsterte Franzi. »Ich habe schon fast geschlafen!«
»Tut mir leid!«, wisperte Marie. »Ich glaube, wir sollten morgen diesen Jonas Anrath mal genauer unter die Lupe nehmen. Er hat mehr Motive, als ich zählen kann.«
Franzi brummelte etwas.
Doch Kim war wieder hellwach. Marie hatte recht: Jonas Anrath war höchst verdächtig!

Nach dem Sturm

Kim schlug verschlafen die Augen auf. Lautes Fußgetrappel auf der Treppe und Stimmengewirr im Flur hatten sie geweckt. Fahles Licht fiel in die Küche, es musste noch sehr früh sein. Die Küchentür öffnete sich einen Spaltbreit, Marta schaute herein.

»Kim«, flüsterte sie. »Seid ihr wach?«

Davon erwachten auch Franzi und Marie.

»Was ist denn los?«, fragte Franzi gähnend.

»Tut mir leid, dass ich euch schon wecke. Ich wollte schnell Kaffee und Tee für alle kochen.« Marta atmete tief durch. »Das Gewitter und der Hagel haben wahrscheinlich viel Schaden angerichtet. Die anderen sind schon draußen und machen eine Bestandsaufnahme.«

Kim schälte sich aus ihrem Schlafsack. »Wir kommen mit!«, erklärte sie.

Weil es noch so früh und nach dem Regen etwas kühler war als am Vortag, holte Marta Pullover und Fleecejacken für die Mädchen. Schon von der Haustür aus konnte Kim sehen, dass die Nacht Spuren hinterlassen hatte. Im Vorgarten sah es aus, als

hätte es geschneit. Dabei waren es Blütenblätter der prächtigen Dahlien und der anderen Blumen, die Hagel und Regen von den Stielen geschlagen hatten. Kim schluckte. Wie mochte es auf dem Blumenfeld und in den Gemüsebeeten aussehen?
Martas Handy klingelte. Sie nahm den Anruf entgegen und lauschte mit angespanntem Gesichtsausdruck. Schließlich sagte sie: »Alles klar, ich komme.« Sie schob ihr Handy zurück in die Seitentasche ihrer Cargohose und wandte sich an die drei !!!: »Der Folientunnel und das kleine Gewächshaus am Gemüsebeet sind beschädigt. Der Hagel hat das Dach zerschlagen, ich muss Handschuhe holen und Feli beim Aufräumen helfen. Ihr könnt zu Koray gehen, vielleicht braucht er Hilfe bei den Blumen oder bei den Mietäckern.«
Schon von Weitem war zu sehen, dass sich hier ein ähnliches Bild bot wie im Vorgarten. Die Sonnenblumen ließen die Köpfe hängen, und wo sich gestern noch zarte rosafarbene Blumen im Wind gewiegt hatten, ragten nun nur noch grüne Stängel in die Luft. Die Blumen der Beete, die Ronja und Koray gestern rechtzeitig vor dem Gewitter abgedeckt hatten, waren ebenfalls lädiert. Auch die stabilen Vliese hatten die Wucht des Wetters nicht gänzlich abhalten können.
»Oh-oh«, sagte Kim. »Das sieht wirklich nicht gut aus.«
Marie schüttelte den Kopf, es hatte ihr die Sprache verschlagen. Auch Franzi rang nach Worten. »Es ist fast alles zerstört«, presste sie schließlich hervor.
»Vielleicht erholen sich die Blumen wieder?«, meinte Kim hoffnungsvoll. Sie wünschte es Feli und Marta, denn sie konnte

nur ahnen, wie viel Arbeit in diesen Blumenbeeten steckte. Außerdem lebten die beiden als Landwirtinnen von den Pflanzen, die sie anbauten – wenn jetzt alles zerstört war, gefährdete das womöglich ihre gesamte Existenz!
Franzi riss Kim aus ihren Gedanken. Sie schlug vor, weiterzugehen und Koray zu suchen. »Vielleicht ist er auf den Miet-Gemüseäckern.«
Doch auch dort war Koray nicht. Kim vermutete, dass sie ihn verpasst hatten. Sie ließ ihren Blick über die Ackerstreifen schweifen. Das Unwetter hatte einige Zerstörungen angerichtet. Ein Rankgerüst für Tomaten war umgefallen, der Hagel hatte Löcher in Kohlblätter geschlagen und viele Pflanzen waren von nasser Erde und Matsch bedeckt. Matschverschmiert waren inzwischen auch die Füße und Sandalen der Mädchen. Der Weg zwischen den Blumenbeeten war sehr rutschig gewesen und auch rund um die Gemüseäcker konnten sie sich mitunter nur schlitternd fortbewegen.
»Aber Koray war schon hier«, stellte Marie fest. Die Abdeckvliese, die er und Ronja gestern Abend rasch ausgebreitet hatten, waren bereits zur Seite geschoben. Marie schirmte ihre Augen mit der Hand ab, um sie vor der Sonne zu schützen, und blickte sich um. »Da ist er!«, sagte sie und deutete auf eine Reihe Weidenbäume in einiger Entfernung. Kim kniff die Augen zusammen und konnte nun auch erkennen, dass sich dort jemand in einer blauen Regenjacke bewegte. Der Praktikant war etwa an der Stelle, wo sie vor einigen Tagen Siegfried Schnatterbeck und den Rest der Laufentenschar gefunden hatten. Die drei !!!

machten sich vorsichtig über den rutschigen Untergrund auf den Weg.

Koray lief an dem kleinen Bach auf und ab. »Hey, Koray!«, rief Franzi und winkte. »Brauchst du vielleicht Hilfe?«

Der junge Mann drehte sich um, Kim konnte sofort seinen angespannten Gesichtsausdruck erkennen.

»Es gibt hier ein Problem!«, rief er.

Als Kim, Franzi und Marie bei Koray am Bach angekommen waren, konnte Kim das Problem zwar noch nicht sehen, aber riechen. Sie hielt sich die Nase zu. »Was ist *das* denn?«, presste sie hervor. Marie und Franzi hielten sich ebenfalls die Nasen zu.

Koray deutete auf den Bach. »Der Bach stinkt so. Ich weiß nicht, was los ist. Das Wasser ist ganz trüb und ich habe einen toten Fisch gesehen.«

»Einen toten Fisch?«, fragte Franzi alarmiert. »Das kann doch nicht richtig sein, allein dieser Gestank. Sollen wir Feli oder Marta Bescheid geben?«

Koray stimmte zu, gab aber zu bedenken, dass die beiden Landwirtinnen im Moment wohl selbst viel zu tun hatten. »Wir gehen besser zu ihnen«, schlug er darum vor.

»Marta und Feli sind im kleinen Gewächshaus«, sagte Ronja, die sie auf dem Gemüsefeld trafen. »Ich schaue, was hier zu retten ist.« Koray blieb bei ihr und die drei !!! stapften weiter zum Gewächshaus, wo Feli und Marta dabei waren, Scherben aufzusammeln. Als die drei !!! das Gewächshaus betraten, schaute Feli auf. »Vorsicht!«, rief sie. »Hier liegen überall noch Scher-

ben.« Die Mädchen blieben wie angewurzelt stehen und sahen sie erschrocken an. »Sagt nicht, ihr habt eine weitere schlechte Neuigkeit mitgebracht«, sagte Feli mit schiefem Lächeln.
Kim warf ihren Freundinnen einen Seitenblick zu, Marie nickte ihr aufmunternd zu. »Leider doch«, gab Kim zu. »Wir waren gerade an dem kleinen Bach hinten am Gemüseacker. Er stinkt fürchterlich und das Wasser ist ganz trüb.«
»Koray hat einen toten Fisch gesehen«, fügte Franzi hinzu.
»Könnte sein, dass der Bach gekippt ist«, vermutete Marta. »Habt ihr vielleicht Fotos gemacht?«
Kim hatte ihr Smartphone schon hervorgeholt und die Fotos aufgerufen, die sie eben am Bach gemacht hatte. Sie hielt Feli und Marta das Handy hin.
Feli zog die klobigen Arbeitshandschuhe aus und nahm das Handy. Sie scrollte sich durch die Fotos, dann nickte sie. »Der Bach ist gekippt«, sagte sie. »Was denn noch alles?« Feli sah ehrlich verzweifelt aus. Kein Wunder, fand Kim, schließlich stand sie in den Scherben ihres Gewächshausdaches.
»Was heißt das, der Bach ist gekippt?«, wollte Marie wissen.
Marta legte den Arm um ihre Freundin und sagte mit fester Stimme: »Wir schaffen das!« An Marie gewandt erklärte sie: »Gekippt bedeutet, dass das Ökosystem des Baches gestört ist. Durch die Hitze der letzten Wochen hat der Bach viel Wasser verloren und der Sauerstoffgehalt im verbliebenen Wasser ist weniger geworden. Dadurch konnten mehr Algen wachsen, die wiederum Sauerstoff verbrauchen. Das allein kann schon zu einem Kippen des Baches führen. Durch das Gewitter gestern

sind wahrscheinlich zusätzlich Erde und Pflanzenreste in den Bach gespült worden, außerdem hat das zuströmende Wasser den schlammigen Boden aufgewirbelt. Der Bach enthält nun viel zu wenig Sauerstoff. Deswegen riecht er faulig, das Wasser ist trüb und Fische sowie andere Bachlebewesen können sterben. Denn auch sie benötigen Sauerstoff.«

»Aus diesem Grund war letzten Sommer der Badesee gesperrt«, erinnerte sich Kim. »Da waren auch zu viele Algen im Wasser.«

»Leider passiert das Umkippen von Gewässern häufiger, je wärmer die Sommer werden«, sagte Feli. »Aber einen wichtigen Aspekt hast du eben nicht genannt, Marta: Die in der Landwirtschaft häufig eingesetzten hochkonzentrierten Düngemittel und Gülle sind ein Problem für die Bäche und Seen in der Nähe von Äckern. Bei starkem Regen werden diese aus der Erde gespült und gelangen so ins Wasser. Und dort lösen sie das unnatürlich hohe Algenwachstum aus oder der ohnehin geschwächte Bach kippt direkt.«

Franzi, die konzentriert zugehört hatte, fuhr plötzlich auf: »Das bedeutet, dass alle Fische und Wasserlebewesen im Bach tot sind?«

Marta und Feli warfen sich einen Blick zu. »Wahrscheinlich noch nicht«, vermutete Feli.

»Dann müssen wir etwas tun!«, rief Franzi. »Wir müssen die Fische retten.«

»Aber wie wollen wir das machen?«, fragte Marie vorsichtig. »Marta, Feli, Koray und Ronja haben genug Arbeit. Wir können den Bach zu dritt unmöglich komplett ablaufen.«

»Wir brauchen Hilfe, das ist klar«, stimmte Franzi zu. Sie hatte ihre Stirn in Falten gelegt und dachte fieberhaft nach. »Kescher, Eimer und Leute«, murmelte sie. »Ich rufe Papa an«, sagte Franzi. »Vielleicht hat er Zeit. Und dann soll Chrissie in die *Friends for Future*-Gruppe schreiben. Wir benötigen so viele Helfende wie möglich!«

Kim nickte. »Ich frage David und Camilla«, schlug sie vor.

»Dann sage ich Lina Bescheid, dass sie kommen und auch Freundinnen und Freunde mitbringen soll«, meinte Marie.

»Wir versuchen, so viele Leute wie möglich zusammenzutrommeln, damit ihr auch noch Unterstützung habt«, sagte Franzi zu Marta und Feli, die ihr staunend zugehört hatten.

»Das wäre super«, sagte Feli baff.

Marta und Feli unterbrachen ihre Arbeit im Gewächshaus, um Franzi, Marie und Kim mit Eimern und den Netzen auszustatten, mit denen sie die Laufenten gefangen hatten. Als sie aus der Scheune traten, in der die Werkzeuge und Arbeitsmaterialien untergebracht waren, fiel Marta noch ein, dass sie den Mädchen zeigen wollte, wie sie Wasser aus den großen Regenwassertanks am Blumenfeld zapfen konnten, die jetzt sicher wieder gut gefüllt waren. So konnten sie die noch lebenden Fische in Eimer mit Wasser setzen.

»Ich komme eben mit und zeige es euch«, schlug Marta vor.

Sie traten durch das Hoftor, auf dem Radweg vor der Blumenfarm spazierten die beiden Frauen vorbei, die Kim während der letzten Tage bereits zweimal aufgefallen waren.

Sie blieben stehen. »Ach, hallo!«, grüßte die eine von ihnen. »Haben Sie das Unwetter gut überstanden?«
»Leider nicht«, seufzte Feli.
»Oh, was ist denn passiert?«, fragte die andere Frau.
Feli machte eine unwirsche, abwehrende Handbewegung. Offensichtlich wollte sie nicht darüber reden. »Wir sichten die Schäden gerade noch«, sprang Marta ein.
Die beiden Frauen wünschten viel Erfolg und gingen hastig weiter. Kim blickte ihnen nach und sah, wie sie tuschelnd die Köpfe zusammensteckten.
»Wer sind die denn eigentlich?«, fragte Franzi verwundert. »Ich habe das Gefühl, wir sehen die zwei ständig.«
»Das kann gut sein«, antwortete Marta grinsend. »Darüber haben Feli und ich auch schon gewitzelt. Tatsächlich sind sie aber ganz nett.«
»Sind das Nachbarinnen von euch?«, wollte Marie wissen.
»Nur zeitweise, wenn ich das richtig verstanden habe«, sagte Feli. »Die beiden sind Journalistinnen aus Berlin und sind gezielt hierhergekommen, um eine große Reportage über *Cottagecore* zu machen.«
»Was ist das denn?«, fragte Kim neugierig.
»Das ist ein Social-Media-Trend«, erklärte Marta. »Fotos und Videos, die das vermeintlich einfache und romantische Leben auf dem Land zeigen, sind besonders beliebt.«
Marie hatte ihr Smartphone aus der Hosentasche gezogen und tippte den Hashtag *#cottagecore* bei YourFriendZ ein. Auf ihrem Bildschirm erschienen Fotos, die Blumenbeete, frisch gebacke-

nes Brot, selbst eingekochte Marmelade, geblümte Kleider, Holzclogs, Felder, Gewächshäuser, viel Holz und romantisch gestaltete Gärten zeigten. Marta blickte über Maries Schulter.

»Genau das«, sagte sie nickend. »Das einfache, naturverbundene Leben eben.«

»Also genau unser Leben«, prustete Feli.

»Ja, nur ohne den ganzen Stress und die Existenzsorgen«, fügte Marta seufzend hinzu. »Wo wir gerade über Sorgen sprechen ...«, sagte sie und deutete auf den Traktor, der sich auf der Straße näherte. Auch Kim erkannte ihn, das war der Traktor von Jonas Anrath. Er blieb vor der Blumenfarm stehen und warf Feli und Marta einen abfälligen Blick zu, drehte energisch den Schlüssel in der Zündung um und sprang vom Traktor herunter. Mit großen Schritten stürmte er auf seine Nachbarinnen zu. »Ihr wart das!«, rief er. »Ihr wart das!«

Als Anrath vor ihnen stehen blieb, streckte sich Marta und stemmte ihre Fäuste in die Seiten. »*Was* waren wir, Jonas? Was ist los?«

»Ihr seid schuld.« Anrath schnaufte vor Wut. »Euretwegen ist der Bach gekippt!«

Ein heftiger Vorwurf

»Das soll wohl ein Witz sein?«, blaffte Feli zurück. »Wie kommst du denn darauf?«

»Weil ich euch gesehen habe«, verkündete Jonas Anrath triumphierend. »Also eine von euch. Ich habe ganz genau gesehen, wie eine von euch beiden vorgestern Abend Kanister in die Scheune getragen hat. Von wegen, ihr verwendet nur natürliche Dünger! Darum wächst euer Gemüse so gut und eure Blumen blühen so üppig – weil ihr alle anlügt und eure Kundschaft veräppelt!«

Kim schaute zu Marta und Feli hinüber. Marta sah so aus, als würde sie jeden Moment explodieren. Aus Felis Gesicht hingegen war jegliche Farbe gewichen. Doch offenbar hatte dieser ungeheuerliche Vorwurf auch Marta kurzzeitig die Sprache verschlagen. Sie rang nach Worten, schließlich sagte sie nur: »Wie bitte?«

»Ihr habt den Bach zerstört«, antwortete Anrath.

»Was für Kanister sollen das denn sein?«, fragte Franzi. »Das ist wohl ein Missverständnis.«

»Keineswegs«, sagte Anrath. »Falls die Kanister bislang nicht weggeräumt worden sind, sind sie sicherlich noch in der Scheune. Kommt.«

Der Landwirt ging selbstsicher voraus zu der Scheune, die an den Innenhof grenzte. Jonas Anrath schob die Tür auf. »Hier sind sie ja!«, rief er überrascht. »Ihr habt euch nicht mal die Mühe gemacht, sie zu verstecken.«

Er trat einen Schritt zur Seite, Marta, Feli und die Detektivinnen betraten die Scheune. In der Ecke rechts von der Tür lagen fünf Kanister mit grüner und orangefarbener Aufschrift.

»Das ist doch genau das Mittel, das du benutzt, Jonas!«, rief Marta aus. »Das sind deine Kanister. Ich bekomme doch mit, wenn der Landhandel dieses Gift für dich anliefert, ich kenne die Kanister, Jonas, und du sicherlich auch.«

Jonas Anrath nickte. »Das stimmt, natürlich benutze ich dieses Mittel. Aber ich habe eine von euch vorgestern ganz genau gesehen.«

»Was hast du überhaupt hier gemacht?«, wollte Feli wissen.

»Lenk nicht ab«, versuchte Anrath auszuweichen.

»Du lenkst ab, was hattest du hier zu suchen?«, fragte Feli schärfer.

»Wie wäre es«, fragte Franzi laut, »wenn wir Fingerabdrücke von den Kanistern nehmen? Und die Bilder der Überwachungskamera überprüfen? Das bringt doch so nichts.«

»Ihr habt eine Überwachungskamera?«, fragte Anrath und Kim hatte den Eindruck, dass er alarmiert klang. Hatte er nicht mit einer Kamera gerechnet und womöglich selbst die Kanister in der Scheune versteckt, um seine Konkurrentinnen in ein schlechtes Licht zu rücken und sie der Lüge zu bezichtigen?

»Und wieso Fingerabdrücke, was soll das denn?«, fiel dem Landwirt nun auf.

»Die Überwachungskamera haben wir erst seit Kurzem auf dem Hof«, erklärte Marta kühl. »Weil unsere Selbstbedienungskasse mehrmals geplündert wurde. Wir werden uns die Aufnahmen nachher ansehen, jetzt müssen wir uns erst einmal um Wichtigeres kümmern – den Hagelschaden und die Fische im Bach. Hast du nicht auch Besseres zu tun, als wilde Anschuldigungen zu verbreiten?«

Jonas Anrath schaute Marta verblüfft an, dann machte er auf dem Absatz kehrt. »Ihr werdet schon noch sehen!«, stieß er hervor und stampfte davon.

»Was sollte das denn?«, fragte Marie.

Feli schüttelte nur den Kopf. Sie schaute auf ihre Armbanduhr und sagte: »Es ist nicht mal zehn Uhr und ich habe das Gefühl, für heute ist schon mehr als genug passiert.«

»Wir kümmern uns nachher um die Kanister und die Überwachungskamera«, erklärte Franzi mit grimmiger Entschlossenheit. »Was für eine Frechheit, euch so etwas vorzuwerfen! Ob er euch die Kanister unterjubeln will, um euch zu schaden?« Sie seufzte. »Wollen wir jetzt erst einmal die Fische retten? Ich kann mir vorstellen, dass die ersten Helfer gleich hier sein werden.«

Kim erinnerte sich daran, dass sie David und Camilla noch anrufen wollte. Hoffentlich hatten sie beide so spontan Zeit.

»Geht ihr doch schon einmal vor, ich habe ganz vergessen, David und Camilla anzurufen«, erklärte sie.
David ging nicht ans Telefon. Kim schrieb ihm eine Nachricht und versuchte es bei Camilla. Kims Herz schlug schneller, als sie ihrer Freundin hastig von den Gewitterschäden und der Rettungsaktion am Bach erzählte. »Klar bin ich dabei!«, sagte Camilla sofort. »Soll ich etwas mitbringen, Gummistiefel vielleicht?« Camilla versprach, sich so schnell wie möglich auf den Weg zu machen. Kim war erleichtert und froh, dass Camilla kommen würde. Sie steckte ihr Handy in die Hosentasche und ging zum Parkplatz, auf dem Franzi und Marie schon die ersten Helfenden im Empfang nahmen. Auch Herr Winkler fuhr gerade vor. Franzi hatte ihren Vater gebeten, Gummistiefel mitzubringen, auf die freute sich Kim schon besonders. Ihr Handy piepste. Es war eine Nachricht von David.

Hey Kim, sorry, konnte nicht ans Telefon gehen. Das klingt echt schlimm mit den toten Fischen! Tut mir echt leid, aber ich hab keine Zeit. Braucht ihr denn wirklich so viele Leute? Nur noch zwei Wochen Sommerferien, Kim, du musst auch mal ausschlafen. 😉
Sehen wir uns dann morgen?
Ciao, dein David

»Pff, *dein* David!«, zischte Kim. Wo war denn ihr David, wenn es etwas Dringendes gab? Zum Glück kam Camilla, auf sie war in Notsituationen wenigstens Verlass. Wütend stapfte Kim zum

Parkplatz, auf dem Franzi bereits die Helferinnen und Helfer in Gruppen einteilte. »Ziel ist es, die Fische mit Netzen zu fangen und in die mit Wasser gefüllten Eimer zu setzen, damit wir sie in einen gesunden Bach bringen können«, erklärte sie gerade. Herr Winkler hatte als Tierarzt gute Kontakte und einen Bekannten aus dem örtlichen Gewässeramt angerufen, der die Fische mit ihm später in anderen Bächen aussetzen wollte.

Feli hatte eine Freundin angerufen, die belegte Brötchen und Kuchen für alle bei einem Bäcker besorgt hatte, sodass sie am frühen Nachmittag eine wohlverdiente Pause machen konnten. Herr Winkler und sein Bekannter aus dem Gewässeramt hatten sich bereits verabschiedet. Sie hatten die Eimer mit den Fischen in die Autos geladen und waren langsam und vorsichtig vom Hof gefahren.

»Papa hat gesagt, dass ohnehin nicht mehr viele Fische in diesem Bach gelebt haben«, sagte Franzi. Sie, Marie, Camilla und Kim hatten sich mit ihrem Mittagssnack auf die Treppe vor der Haustür zurückgezogen.

»Warum denn nicht?«, fragte Marie.

»Wie Feli vorhin erzählt hat, ist das Wasser zu nährstoffreich durch die Düngemittel und Gülle, die über die Felder ins Wasser gelangen. Die meisten Fische, die in fließenden Gewässern leben, benötigen viel Sauerstoff – und der ist knapp in solchen Bächen. Die Fische können dort nicht überleben. Und auch sonst nichts.«

»Das ist schlimm«, seufzte Kim. »Wenigstens konnten wir einige Fische retten. Es ist so cool, dass so viele zum Helfen gekommen sind!«

»Total!«, stimmte Franzi zu. »Die meisten wollen noch bleiben, um beim Gewächshaus, im Folientunnel und bei der Kontrolle der Pflanzen zu helfen.«

»Ich kann leider nicht mehr bleiben«, sagte Camilla.

»Ja, schade«, antwortete Kim. »Aber es ist richtig schön, dass du überhaupt gekommen bist!« Sie strahlte Camilla an. Dabei fiel ihr Blick auf Franzi und Marie. Marie formte mit den Lippen *Richtig schön?* und Franzi zog die Augenbrauen hoch. Kim war irritiert. War das komisch? Es war doch richtig schön, dass Camilla geholfen hatte! Waren Franzi und Marie eifersüchtig? Kim konnte nicht weiter darüber nachdenken, weil Camilla aufgestanden war, um sich zu verabschieden. Franzi schob sich den letzten Bissen ihres Brötchens in den Mund und erhob sich ebenfalls.

»Wollen wir uns die Kanister in der Scheune noch einmal ansehen und Fingerabdrücke nehmen?«, schlug sie vor.

Das hatte Kim fast vergessen! »Ja, lasst uns das jetzt machen und vielleicht hat anschließend jemand Zeit, uns die Videos der Überwachungskamera zu zeigen.«

Die Kanister lagen noch immer so in der Scheune, wie sie sie heute Morgen vorgefunden hatten. »Sieht so aus, als hätte sie jemand achtlos in die Ecke geworfen«, meinte Marie und betrachtete die fünf Kanister. Kim hatte ihren Detektivrucksack aus der Wohnküche geholt und bereitete alles für die Fingerabdruckanalyse vor. »Kommt mir auch komisch vor. Es sieht aus, als musste es schnell gehen«, vermutete Kim.

Sie pinselte die Griffe an der Oberseite ein. »Anrath konnte nicht wirklich sagen, wen er gesehen hat. Und warum er hier war, hat er nicht begründet. Von der Straße aus ist der Innenhof kaum einsehbar, auch wenn die beiden Flügel des Scheunentors komplett geöffnet sind.«

Kim wisperte noch etwas. Franzi und Marie beugten sich zu ihr hinunter. »Was ist los?«, fragte Franzi.

»Hier sind Fingerabdrücke. Könnte eine von euch das Klebeband holen?«

Franzi klebte Streifen des Klebebands auf die Fingerabdrücke, die Kim mit dem Grafitpulver sichtbar gemacht hatte. Danach klebte sie die Streifen in das Detektivtagebuch für unterwegs.

»Das gibt es doch nicht!«, rief Franzi aus. »Es gibt hier einen Fingerabdruck, der mit einem von der aufgebrochenen Kasse übereinstimmt!«

Gespannt beugten sich Marie und Kim über das aufgeschlagene Buch. Franzi hatte recht, beide Taten konnten eindeutig einem Täter zugeordnet werden.

»Jetzt brauchen wir nur noch die zu den Fingerabdrücken gehörende Person«, seufzte Kim.

»Die Videos der Überwachungskamera geben hoffentlich Aufschluss«, sagte Marie hoffnungsvoll.

Die drei !!! hatten Glück und trafen Feli auf dem Hof. Sie stimmte sofort zu, den Detektivinnen den Laptop mit Zugang zu den Videos der Überwachungskamera in ihrem Büro anzuschalten. »Weil es keinen Diebstahl mehr gab, haben wir die Videos überhaupt nicht beachtet«, erklärte sie. »Nach 72 Stunden werden die Daten automatisch gelöscht, also müsste zu sehen sein, wer die Kanister bei uns abgeladen hat.« Feli klappte den Laptop auf und loggte sich ein. Sie rief die Verknüpfung zur Überwachungskamera auf, als ihr Handy klingelte. »Das ist Marta«, stellte sie nach einem Blick auf das Display fest und nahm den Anruf entgegen.

»Alles klar, ich komme«, sagte sie und beendete das Gespräch. Dann wandte sich Feli an die Detektivinnen: »Marta braucht meine Hilfe. Kommt ihr klar? Ihr könnt euch Stühle von Martas Schreibtisch und vom Tisch dort drüben holen.«

»Danke, das bekommen wir hin«, sagte Kim zuversichtlich.

»Wenn ihr Unterstützung benötigt, ruft an«, sagte Feli, die bereits zur Tür gegangen war. »Ich bin ganz in der Nähe.«

Die drei !!! bedankten sich und Feli verließ das Büro. Kim hatte bereits die Videos von vorgestern aufgerufen. Die Überwachungskamera auf dem Hof löste nur bei Bewegung aus, darum gab es kein Video vom ganzen Tag, sondern kleine Videoschnipsel, die Kim im Zeitraffer durchklickte. Gebannt starrten die Detektivinnen auf den Bildschirm. Eine Katze huschte vorbei. Klick: Ronja, Koray, Feli und Marta waren mehrfach zu sehen. Klick: Kundinnen und Kunden besuchten das Selbstbedienungshäuschen, das inzwischen seinen Platz auf dem Innenhof der Blumenfarm gefunden hatte. Klick: Jonas Anrath lief ins Bild und blickte sich gehetzt um. Kim sog geräuschvoll die Luft ein.

»Wusste ich es doch!«, rief Franzi und schlug mit der flachen Hand auf die Armlehne des Schreibtischstuhls.
Kim hatte die Abspielgeschwindigkeit verlangsamt. Sie beobachteten, wie Anrath zum Selbstbedienungshäuschen ging. Immer wieder sah er sich um, so als wollte er sichergehen, nicht beobachtet zu werden. Dann blieb er stehen und machte Fotos des Häuschens, zuerst von außen, dann auch von innen. Es dauerte nur wenige Sekunden und der Landwirt huschte wieder davon.
»Kanister hatte er jedenfalls keine dabei«, sagte Kim. »Aber warum hat er Fotos gemacht?«
»Wir müssen ihn endlich befragen«, beschloss Franzi.

Detektivtagebuch von Kim Jülich
Sonntag, 21:22 Uhr

Die Vorfälle auf der Blumenfarm überschlagen sich, wir kommen gar nicht zum Ermitteln – bis jetzt! Jonas Anrath behauptet, Feli und Marta würden chemischen Dünger auf ihren Felder ausbringen und deswegen sei der Bach gekippt! Wenn sich diese Falschbehauptung herumspricht, werden Feli und Marta an Glaubwürdigkeit verlieren, schließlich denken bisher richtigerweise alle, dass sie nur organischen Dünger einsetzen. Der Oberhammer kommt aber noch: Anrath hat angeblich eine Frau beobachtet, die Kanister in die Scheune gebracht hat, und dort lagerten tatsächlich fünf leere Düngemittelkanister! Interessanterweise die gleichen, die sich auch Jonas Anrath liefern lässt.
Feli und Marta haben uns erzählt, dass es schon länger Stress mit ihrem Nachbarn gibt und er sie als starke Konkurrenz betrachtet, da sie mit ihrem Konzept sehr er-

folgreich sind. Das allein ist höchst verdächtig, aber es kommen noch weitere Vorfälle dazu: der wiederholte Diebstahl der Einnahmen aus dem Selbstbedienungshofladen, das zerschnittene Stromkabel des Stromgenerators an der Pumpe, die Löcher im Schutzzaun und schließlich der ebenfalls zerschnittene Wasserschlauch der Jungpflanzenanzucht. Das waren gezielte Sabotageakte und in unseren Augen kommt dafür nur ein Verdächtiger infrage! Morgen wollen wir Jonas Anrath einen Besuch auf seinem Hof abstatten und ihn befragen. Nach den beiden turbulenten Tagen auf der Blumenfarm wollten wir heute Nachmittag nur noch nach Hause. Und Jonas Anrath läuft uns bis morgen nicht weg. Bleibt nur zu hoffen, dass es bis dahin keinen weiteren Vorfall auf der Blumenfarm gibt!

Geheimes Tagebuch von Kim Jülich
Sonntag, 21:48 Uhr

▸ Finger weg von meinem Tagebuch! Sonst erscheine ich in euren Träumen und ich verspreche euch, das werden keine schönen Träume sein!!! ◂

Ich muss dringend ins Bett, die letzten beiden Tage waren wenig sommerferienfaul, sondern ziemlich anstrengend. Und dann auch noch die ungeplante Übernachtung auf der Blumenfarm ... bei Feli und Marta ist echt was los und wir sind sehr froh, ihnen helfen zu können. Es war auch total toll, dass so viele Leute aus Franzis und Chrissies Friends for Future-Gruppe kommen konnten, sich Herr Winkler an seinem freien Tag Zeit genommen und auch Camilla spontan zugesagt hat. Das war richtig cool.

Ich frage mich aber, ob Franzi und Marie eifersüchtig auf Camilla sind. Sie haben vorhin ganz komisch reagiert, als Camilla und ich uns voneinander verabschiedet haben. Das bekomme ich nicht aus dem Kopf. Genauso wenig wie mein Herzklopfen, das ich in Camillas Gegenwart bekomme. Ich habe auch immer total Sorge, dass ich mich peinlich verhalten könnte ... echt komisch. Dabei ist sie doch meine Freundin. Etwas mehr Freundschaft würde ich mir auch von David wünschen, der heute Morgen einfach zu faul war, zur Blumenfarm zu kommen. So wirkte es jedenfalls. Er hat sich dann auch gar nicht mehr gemeldet, na ja. Morgen habe ich ohnehin keine Zeit, wir wollen Jonas Anrath befragen. Dienstag bin ich mit Camilla verabredet. Wenn David keine Zeit für mich hat, dann muss er sich hinten anstellen.

Ein Schritt weiter

Der Anrath-Hof war ein genauso prächtiges Backsteingebäude wie der Hof von Feli und Marta. Und im liebevoll gestalteten Vorgarten blühte es ebenfalls herrlich, allerdings gab es auf diesem Hof mehr Landmaschinen. Traktoren, Anhänger und Erntemaschinen standen in einer imposanten Fahrzeughalle hinter dem Wohngebäude. Die Detektivinnen klingelten zunächst am Wohnhaus, doch niemand öffnete. Also betraten sie den Innenhof. Hier konnten sie auch niemanden finden.

»Vielleicht müssen wir später noch mal wiederkommen. Oder morgen«, befürchtete Marie.

»Aber hier muss doch jemand sein!«, sagte Franzi. Aus einem der Stallgebäude drang dumpfes Muhen. »Kommt«, meinte sie und ging zum Kuhstall hinüber. Sie schob die Tür auf, Marie und Kim standen dicht hinter ihr.

»Hallo? Was macht ihr da?«, ertönte eine Stimme hinter ihnen. Ein Junge etwa in ihrem Alter war auf den Hof gekommen. Er trug eine Arbeitshose, klobige Schuhe und ein T-Shirt mit dem Aufdruck einer Skateboard-Marke.

»Hi«, sagte Franzi. »Du kannst uns bestimmt helfen. Wir sind Kim, Franzi und Marie und wollten mit Jonas Anrath sprechen. Weißt du, wo wir ihn finden können?«
»Das ist mein Vater«, sagte der Junge. »Aber warum schleicht ihr hier herum?«
»Wir schleichen nicht herum, wir haben nur jemanden gesucht, den wir fragen können«, antwortete Marie. »Das hat ja auch geklappt. Wie heißt du denn?«
»Mikkel«, antwortete der Junge und schaute die Detektivinnen noch immer argwöhnisch an. Dann sagte er: »Vor ein paar Tagen wurde auf dem Hof etwas gestohlen, darum war ich etwas … überrascht, dass ihr hier einfach so rumspaziert. Tut mir leid, ich wollte nicht unfreundlich sein.«
»Etwas wurde gestohlen?«, fragte Kim erstaunt. Auch Franzi und Marie waren hellhörig geworden. »Was denn?«
»Nichts Wichtiges, bloß leere Kanister, die ohnehin abgeholt werden sollten. Aber weil das bisher noch nie vorgekommen ist, machen sich meine Eltern jetzt ein bisschen Sorgen.«
»Was waren das für Kanister?«, wollte Franzi wissen. »Doch nicht etwa Kanister, in denen sich Düngemittel befanden?«
»Pflanzenschutzmittel«, sagte Mikkel nickend. »Wie kommst du darauf?«
»Wieso sollten die Kanister abgeholt werden?«, fragte Marie.
»Das sind sozusagen Pfandkanister«, erklärte er bereitwillig. »Wir bekommen sie mit den Pflanzenschutzmitteln geliefert, und wenn wir diese aufgebraucht haben, werden sie wieder abgeholt.«

»Und wie läuft das mit dem Abholen genau ab?«, wollte Kim wissen.
»Am Tag der Abholung stellen wir sie raus, entweder vor den Hof an den Weg oder hier in den Innenhof«, erklärte Mikkel.
»Aber ist das nicht gefährlich, diese Kanister an den Weg zu stellen?«, hakte Franzi nach. »Falls sich Reste des Ackergiftes darin befinden und die Kanister von den falschen Leuten mitgenommen werden?«
»Ich bevorzuge den Begriff Pflanzenschutzmittel«, antwortete Mikkel scharf. Kim hatte ihm schon während Franzis Frage angesehen, dass er sich zu ärgern schien. »Wir reinigen die Kanister grob vor, es sollten also keine Reste darin sein – und normalerweise nimmt die auch niemand mit, außer dem Fahrer des Landhandels.« Wieder betrachtete Mikkel die Mädchen skeptisch. »Ihr habt ganz schön viele Fragen«, stellte er fest. »Woher kennt ihr eigentlich meinen Vater?«
Kim erzählte, dass sie mit Marta und Feli befreundet waren und Jonas Anrath auf der Blumenfarm kennengelernt hatten.
Nun musste Mikkel grinsen. »Oh, Papas liebste Kolleginnen.«
»Was meinst du damit?«, fragte Marie.
»Na ja, wenn ihr die beiden kennt und meinen Vater dort erlebt habt, wird euch aufgefallen sein, dass die drei nicht gerade beste Freunde sind.«
Kim lachte. »Das hast du aber diplomatisch ausgedrückt. Tatsächlich ist uns das angespannte Verhältnis aufgefallen. Kannst du nachvollziehen, warum die Stimmung zwischen ihnen so schlecht ist?«

»Nicht so richtig«, gab Mikkel zu. »Das sollte mein Vater natürlich nicht hören, aber ich glaube, alle drei steigern sich da in etwas rein. Klar, beide Höfe arbeiten unterschiedlich und wenden verschiedene Methoden an. Aber ich finde, man sollte doch lieber voneinander lernen und sich als Kollegen zusammentun, statt so stark zu konkurrieren und sich sogar heftig zu streiten.«

»Stimmt!«, nickte Franzi begeistert. »Ein wenig kommt es mir allerdings so vor, als ob dein Vater und Marta ganz gerne miteinander streiten.«

Mikkel lachte. »Ich glaube auch! Er sagt manchmal sogar, dass Marta seine Lieblingsfeindin ist.«

In diesem Moment war lautes Hundebellen zu hören. Kim drehte sich überrascht um und sah, dass Jonas Anrath mit zwei braun-weiß gesprenkelten Hunden den Hof betrat, die Hunde spielten und balgten sich um einen Ast.

»Ach hallo, euch kenne ich doch!«, grüßte er. Kim war überrascht, so freundlich und offen hatte sie den Landwirt bei seinen Besuchen auf der Blumenfarm nicht erlebt. An Mikkel gewandt sagte er: »Warst du schon bei den Bullen auf der Weide?«

Mikkel sah ertappt aus und schüttelte den Kopf. »Ich war gerade auf dem Weg.«

»Okay, prima«, sagte Jonas Anrath. »Machst du dich dann jetzt wirklich auf den Weg? Und nimm Paula und Bruno mit, die beiden müssen sich noch etwas austoben.«

Mikkel verabschiedete sich und rief mit einem Pfiff die Hunde herbei, die sich in den Schatten zurückgezogen hatten, um den

Ast gemeinsam zu zerkauen. Die beiden Hunde sprangen sofort auf und folgten Mikkel schwanzwedelnd.

Kim, Franzi und Marie hatten sich nicht von der Stelle gerührt. Jonas Anrath schaute die drei !!! überrascht an. »Wolltet ihr zu mir?«, fragte er verwundert.

»Wir haben einige Fragen an Sie«, erklärte Kim.

»Na dann«, sagte Anrath schmunzelnd. »Ich bin gespannt. Um was geht es denn?«

»Um ehrlich zu sein«, begann Marie, »glauben wir, dass Sie die leeren Kanister in Felis und Martas Scheune versteckt haben.«

Jonas Anrath schnaubte. »Warum sollte ich das tun?«

»Um die beiden als Betrügerinnen darzustellen«, sagte Franzi. »Weil sie Ihre schärfsten Konkurrentinnen sind und das Verhältnis zwischen Ihnen alles andere als gut ist.«

»Außerdem haben wir erfahren, dass Sie nach dem Tod von Annmieke van der Bloemen die zur Blumenfarm gehörenden Felder kaufen wollten und ziemlich enttäuscht waren, dass das nicht möglich war«, erinnerte sich Kim.

»Selbst wenn das stimmt, was ihr sagt«, antwortete Anrath geplättet, »habe *ich* die Kanister nicht dort versteckt. Ich habe doch schon gesagt, dass ich eine Frau beobachtet habe, wie sie die fünf Kanister in die Scheune gebracht hat.«

»Von wo aus haben Sie die Frau gesehen?«, fragte Kim. Sie hatte ihr Detektivtagebuch für unterwegs aus ihrem Rucksack geholt und machte sich Notizen der Aussage.

»Ich wollte zu Feli und Marta«, erklärte Anrath. »Ich habe sie aber weder auf den Feldern noch am Wohnhaus finden können, also wollte ich auf dem Innenhof nachschauen. Ich bin vom Parkplatz auf das Scheunentor zugegangen und habe eine Frau über den Hof gehen sehen, die Kanister in die Scheune trug.«

»Aber Sie konnten nicht sehen, wer das war?«, hakte Kim nach.

»Nein, hab ich doch schon gesagt, die Frau ist recht zügig gelaufen.«

»Warum sind Sie ihr nicht gefolgt?«, wunderte sich Franzi.

Bevor der Landwirt antworten konnte, fiel Kim etwas ein. Sie blickte von ihren Notizen auf. »Die Frau hat fünf Kanister getragen?«, wiederholte sie.

Anrath nickte.

Kim wählte ihre Worte mit Bedacht: »Dann lügen Sie entweder oder Ihnen war klar, dass die Kanister leer sind.«

»Du behauptest, ich lüge?«, fragte der Landwirt empört.

Kim nickte energisch. »Ja, das tun Sie. Ich habe die Kanister gesehen, sie haben eine Füllmenge von 20 Litern – wer kann fünf Kanister mit dieser Füllmenge auf einmal tragen?«

Jonas Anrath rollte ungeduldig mit den Augen. »Das waren genau die fünf Kanister, die mir am Vortag gestohlen worden waren.«

»Wie bitte?«, riefen die drei !!!.

»Dann haben Sie die ganze Zeit gewusst, dass das leere Kanister waren? Dass Feli und Marta also keine chemischen Dünger oder Pflanzenschutzmittel verwendet haben?«, fragte Franzi aufgebracht.

»Ja, das war nicht fair«, gab Anrath zu. »Aber hast du eine Ahnung, was mir die beiden ständig vorwerfen? Ich und andere

Landwirte seien schuld am Klimawandel und an den angeblich immer schlechter werdenden Böden, dem Artensterben und was weiß ich nicht noch alles.«

Kim schüttelte den Kopf. »Warum machen Sie einander das Leben so schwer?«

»Das solltest du Feli und Marta fragen. Seit die hier sind, geht das so. Vorher war alles friedlich in der Nachbarschaft. Aber die zwei glauben, sie müssten mir erklären, wie Landwirtschaft funktioniert.«

»Sie sind also extrem sauer«, fasste Kim zusammen. »Geben Sie nun auch zu, dass Sie hinter den anderen Sabotageakten auf der Blumenfarm stecken?«

Nun war es Anrath, der laut »Wie bitte?« rief. »Was für Sabotageakte?«

Kim zählte die Diebstähle der Einnahmen aus dem Selbstbedienungshäuschen, das zerschnittene Kabel des Stromgenerators, den zerstörten Zaun, durch den die Laufenten entwischen konnten, und die durchtrennte Wasserzufuhr der Bewässerung der Jungpflanzenanzucht auf. »Und in diese Reihe fügt sich doch perfekt ein, dass Sie behauptet haben, die beiden wären für das Kippen des Baches verantwortlich«, schloss Kim.

Jonas Anrath schüttelte den Kopf und blickte ungläubig zwischen den drei !!! hin und her. »Ich habe nichts davon getan«, sagte er dann. »Gar nichts. Der nicht funktionierende Generator hat auch mir geschadet, falls ihr euch erinnert. Warum sollte ich das also tun?«

»Weil Sie Streit mit Marta und Feli haben«, wiederholte Marie.

»Vielleicht wollen Sie die beiden sogar vertreiben? So lange weitermachen, bis die beiden entnervt und erschöpft aufgeben?«

»Ich glaube, ihr habt zu viel Fantasie«, seufzte der Landwirt und kratzte sich ratlos am Kopf. »Was soll ich sagen, außer dass ich damit rein gar nichts zu tun habe? Ich muss aber zugeben, dass mir das mit den Kanistern in den Kram gepasst hat. Marta und Feli gehen mich oft hart an, jetzt konnte ich mal zurückschlagen. Dachte ich.«

Franzi schüttelte verständnislos den Kopf.

»Warum waren Sie vor drei Tagen auf der Blumenfarm?«, hakte Kim nach. »Wir haben Sie auf der Überwachungskamera gesehen. Sie sind über den Hof geschlichen und haben sich umgeschaut, als hätten Sie Angst, entdeckt zu werden. Dann haben Sie Fotos vom Selbstbedienungshofladen gemacht – war das, bevor oder nachdem Sie die Kanister in der Scheune versteckt haben?«

»Das war, bevor ich eine Frau dabei beobachtet habe, wie *sie* die Kanister in die Scheune getragen hat. *Meine* Kanister wohlgemerkt.«

»Und warum haben Sie Fotos gemacht?«

Anrath seufzte. »Ich möchte auch einen Selbstbedienungshofladen aufstellen. Ich kann Marta und Feli schlecht nach Tipps fragen, also wollte ich mir selbst einen Eindruck davon verschaffen.«

Kim presste ihre Lippen aufeinander, um nicht loszulachen. Sie räusperte sich. »Warum können Sie die beiden denn nicht nach Tipps fragen?«

»Weil Sie mir niemals helfen würden und ich mir nicht die Blöße geben wollte, eine Idee von ihnen nachzumachen. Mikkel hat mich auf den Gedanken gebracht, dass ein solches Selbstbedienungshäuschen auch für uns etwas sein könnte.«

»Was bauen Sie denn eigentlich an?«, fragte Marie neugierig.

»Hauptsächlich Futterpflanzen für die Tierzucht, aber auch Kartoffeln und Kohl. Außerdem haben wir Eier und Fleisch unserer eigenen Hühner und züchten Rinder, deren Fleisch wir ebenfalls verkaufen.«

Franzi verzog das Gesicht, sagte aber nichts.

»Dann sind Marta und Feli doch gar keine direkten Konkurrentinnen für Sie«, schlussfolgerte Marie.

»Nein, nicht so direkt«, gab Anrath zu.

Kim schüttelte wieder den Kopf. Jetzt verstand sie diesen Nachbarschaftsstreit noch viel weniger. Sie überflog ihre Notizen. »Noch mal zurück zu den Kanistern«, sagte sie, »wie sah die Frau denn aus, die Ihre leeren Kanister angeblich über den Hof getragen hat?«

»Die Frau, die meine Kanister ganz sicher über den Hof getragen hat, konnte ich leider nicht genau sehen«, sagte Anrath. »Sie trug aber einen Regenmantel. Einen gelben Regenmantel.«

Ein Picknick und viele Fragen

»Eine Frage hätte ich noch«, fiel Kim ein. »Dürften wir Ihre Fingerabdrücke nehmen?«

Jonas Anrath lachte dröhnend. »Ihr nehmt die Sache aber mächtig ernst, was? Na gut, wenn es euch Spaß macht.«

Kim hatte ein Stempelkissen aus ihrem Rucksack geholt und bat Jonas Anrath, die Finger seiner rechten Hand nacheinander in die Farbe zu drücken und die Fingerabdrücke anschließend in das Detektivtagebuch zu stempeln, das sie ihm aufgeschlagen entgegenstreckte.

Sofort begutachteten die Detektivinnen die Fingerabdrücke und verglichen sie mit denen vom Kanister und von der Kasse. Sie stimmten nicht überein, der Landwirt sagte die Wahrheit.

Die Detektivinnen verabschiedeten sich von Jonas Anrath. Als sie vom Hof gingen, drehte Kim sich noch einmal um, der Landwirt sah ihnen kopfschüttelnd nach. Kim hob die Hand und Anrath tat es ihr nach. »Meint ihr, wir sollten ihn weiter im Auge behalten?«, flüsterte sie.

Sie waren noch skeptisch, ob Jonas Anrath nicht doch seiner

Wut auf die beiden Neu-Landwirtinnen Taten hatte folgen lassen, doch er hatte immer wieder versichert, dass er nicht hinter den Sabotageakten steckte, und seine Fingerabdrücke hatten sie an den Tatorten nicht gefunden.

»Vielleicht sollten wir morgen noch mal herkommen?«, schlug Franzi vor.

»Ach blöd, morgen hab ich keine Zeit«, fiel Kim ein. »Ich bin mit Camilla verabredet.«

»Das ist echt kein Problem«, versicherte Marie.

Kim schüttelte den Kopf. »Wir sind mitten in den Ermittlungen!«, sagte sie. »Natürlich möchte ich dabei sein. Ich sag Camilla einfach ab.« Doch so einfach, wie sie möglichst beiläufig behauptet hatte, war das nicht, Kim war traurig. Sie hatte sich sehr auf die Verabredung gefreut. Das schienen auch Marie und Franzi genau zu bemerken.

»Manchmal sind andere Sachen wichtiger als Ermittlungen, Kim«, sagte Franzi vorsichtig.

»Was denn?«, fragte Kim.

»Bestimmte Menschen zum Beispiel«, meinte Marie. »Ganz besondere Menschen.«

Ungläubig schaute Kim ihre Freundinnen an. Sie wusste nicht, worauf sie hinauswollten.

»Ich frage Camilla, ob sie Mittwoch Zeit hat. Oder morgen Nachmittag, wir sind doch nicht den ganzen Tag mit der Befragung beschäftigt.« Kim tippte bereits die Nachricht an Camilla und so konnte sie nicht sehen, dass sich Franzi und Marie einen Blick zuwarfen.

Die Detektivinnen stiegen auf ihre Räder, die vor dem Anrath-Hof parkten, und fuhren zur Blumenfarm. Dort trafen sie Feli, die gerade aus der Haustür trat.

»Hallo, ihr drei!«, rief Feli. »Schön, euch zu sehen.«

»Habt ihr diese Kanister noch, die bei euch in der Scheune lagen?«, fragte Marie.

»Ja, die liegen da immer noch«, antwortete Feli. »Wieso?«

»Jonas Anrath wurden vor drei Tagen fünf solche Kanister gestohlen«, erzählte Marie.

»Wir haben seinen Sohn Mikkel getroffen, der hat uns davon erzählt«, sagte Kim schnell. Sie hatte das Gefühl, es wäre besser, Feli nichts von ihrem Gespräch mit Anrath zu erzählen. Franzi und Marie verstanden sofort und sagten nichts weiter.

»Aber wie kommen die Kanister dann hierher?«, wunderte sich Feli. »Und warum behauptet Anrath, er hätte Marta oder mich damit gesehen und wir würden dieses Mittel auf unseren Feldern benutzen? Glaubt ihr, er hat die Kanister hier versteckt?« Feli hatte sich so in Rage geredet, dass rote Flecken auf ihren Wangen erschienen.

»Wir ermitteln noch«, antwortete Marie möglichst vage. »Aber wir glauben nicht, dass er es war. Wenn wir ihm die Kanister zurückbringen, wärt ihr damit einverstanden?«

»Ja, klar«, sagte Feli. »Was ich euch eigentlich fragen wollte, als ich euch eben durch das Küchenfenster gesehen habe«, fiel ihr wieder ein, »habt ihr vielleicht Zeit und Lust, Himbeeren zu pflücken? Sie haben überraschenderweise das Gewitter überlebt, weil sie durch die Apfelbäume geschützt stehen. Jetzt sind sie gerade so schön reif und wir kommen nicht dazu, sie zu ernten. Ihr könnt sie gerne sofort essen oder mit nach Hause nehmen – aber fühlt euch nicht verpflichtet! Nur, wenn ihr Lust habt.«

»Aber wir können doch auch Himbeeren pflücken und ihr verkauft sie im Hoflädchen«, wunderte sich Franzi.

Feli winkte ab. »Ihr könnt loslegen und dann schaut einfach, wie viel es wird. Hauptsache, die Beeren werden verwertet, es wäre sonst schade drum.«

»Habt ihr Lust?«, fragte Franzi Marie und Kim, die beide nickten. Kim hatte heute nichts Besonderes mehr vor. Zwar hatte sie sich vorgenommen, in der Hängematte zu lesen, aber sie aß Himbeeren unglaublich gerne. Das Buch konnte warten. Auch Marie war einverstanden, sie war erst später am Nachmittag mit Holger verabredet.

Feli ging zurück in die Küche und kam mit drei großen Emaille-Schüsseln zurück. »Pflückt, so viel ihr möchtet. Und das Naschen zwischendurch nicht vergessen.«

Franzi hatte die Himbeersträucher bei ihrem ersten Besuch auf der Blumenfarm gesehen, bei den Apfelbäumen am Rande der Gemüsebeete hinter dem Haus.

Die Sonne strahlte warm und golden zwischen den Ästen der Apfelbäume hindurch, an denen die noch grünen Äpfel hingen. Die dunkelroten, saftigen Himbeeren leuchteten Kim, Franzi und Marie schon von Weitem entgegen.

Im Schatten der Obstbäume war es angenehm, fast kühl. Kim pflückte eine Himbeere und schob sie sich in den Mund. »Ist das lecker!«, seufzte sie verzückt. Eine Weile pflückten und aßen die Freundinnen schweigend, bis Franzi sagte: »Ich pflücke jetzt in die Schale! Das sage ich laut, damit ich es wirklich mache«, fügte sie hinzu. Marie und Kim grinsten. »Okay, dann machen wir das jetzt auch so«, beschloss Marie. Ein Quaken und Schnattern erklang, überrascht drehten sich die Mädchen um. Am Gitterzaun, der die Gemüsebeete des Hofes umgab, hatten sich Siegfried Schnatterbeck und seine Laufentenschar versammelt.

»Sieh mal, Marie«, kicherte Kim, »deine liebliche Stimme hat deinen Entenfreund angelockt.«

Wie zur Bestätigung schnatterte Siegfried Schnatterbeck.

»Mögen Enten Himbeeren?«, fragte Marie und drehte eine soeben gepflückte Himbeere zwischen ihren Fingern.

»Ich glaube nicht«, meinte Franzi. »Manches Gemüse schon eher, darum sind die Salate und der Spinat abgedeckt. Löwenzahn fressen Laufenten aber«, fiel ihr ein. Franzi bückte sich und pflückte eine Löwenzahnblume und ein paar Blätter, die zwischen den Himbeersträuchern wuchsen.

Die drei gingen zu den Enten hinüber und Franzi hielt die Blüte durch den Zaun. Vier Laufenten stürzten sich sofort darauf, eine braun-weiß gescheckte Ente gewann den Kampf und verschlang den Löwenzahn gierig.

»Tja, Siegfried«, sagte Marie bedauernd, »da musst du beim nächsten Mal schneller sein.«

»Na, wie viele Himbeeren habt ihr schon verdrückt?« Das war Marta, sie hatte eine Decke unter den einen Arm geklemmt und in der anderen Hand trug sie einen Korb. »Habt ihr Lust auf ein Picknick? Ein Freund von uns kam eben zu Besuch und hat Kuchen mitgebracht.«

Marie nahm die Picknickdecke entgegen. »Danke, das ist nett«, freute sie sich.

»Sucht euch ein hübsches Plätzchen, dahinten neben der Schafweide ist die Sonne um diese Uhrzeit besonders schön.« Marta drückte Franzi den Picknickkorb in die Hand, darin befanden sich neben einer Schachtel mit Kuchenstücken drei Teller, Servietten und eine Flasche Limonade mit Gläsern.

Die drei nahmen Martas Tipp gerne an und breiteten die bunte Decke neben der Schafweide aus. Wie die Laufenten kamen die Schafe sofort neugierig zum Zaun getrabt.

»Wir haben nichts für euch, tut uns leid«, sagte Franzi bedauernd und verteilte Teller und Gläser. Kim hatte auch eine Schale Himbeeren mitgenommen. Doch zuerst ließen sie sich den Kuchen schmecken.

»Könnte es nicht ewig so weitergehen?«, seufzte Franzi. »Sonne, draußen sein und keine Schule.«

»Das wäre wirklich schön«, fand auch Kim. »Mama stresst jetzt schon, dass ich schon mal Englischvokabeln wiederholen soll … uff.«

»Und, machst du es?«, fragte Marie und zwinkerte Kim zu.

Kim schüttelte den Kopf und schob sich den letzten Bissen ihres Kuchens in den Mund. »Ich stecke mitten in Ermittlungen, da muss ich Prioritäten setzen«, erklärte sie. »Aber jetzt mal ehrlich, wisst ihr, was ich mich frage? Anrath behauptet, er hätte eine Frau in einem gelben Regenmantel gesehen, die seine Kanister in die Scheune der Blumenfarm gebracht hat – warum ist sie dann nicht auf den Videos der Überwachungskamera?«

»Aber den Eingang der Scheune sieht man auf den Videos nicht«, erinnerte sich Marie. »Die Kamera ist so ausgerichtet, dass sie auf das Holzhäuschen fokussiert ist. Der Radius ist nicht groß genug, um den ganzen Hof aufzunehmen. Die Frau hat entweder von einem toten Winkel gewusst oder hatte Glück.«

»Oder es gibt sie doch nicht«, warf Franzi ein.

Kim schüttelte den Kopf. »Das glaube ich nicht«, sagte sie. »Wir haben Anraths Fingerabdrücke, sie waren weder auf der Kasse noch auf den Kanistern. Außerdem hat er glaubhaft beteuert, es nicht gewesen zu sein.«

Marie schaute auf ihr Handy. »Oh, ich muss gleich los!«, entfuhr es ihr. »Ich treffe mich doch mit Holger. Mist, bestimmt komme ich zu spät.« Sie sprang auf.

»Das wäre mal was ganz Neues«, sagte Franzi trocken und erhob sich ebenfalls von der Picknickdecke.

»Höhö«, machte Marie und knuffte ihre Freundin mit dem Ellenbogen in die Seite. »Ist es okay, wenn ich mich schon mal auf den Weg mache?«

»Klar«, sagte Kim. »Wir räumen hier auf und bringen die Sachen zu Marta und Feli zurück.«

»Ihr seid die Besten!«, rief Marie. »Treffen wir uns dann morgen früh vor dem Hof?«

Davon hängt alles ab

Kim bemerkte die blühenden Wildblumen am Rand des Radwegs nicht. Auch nicht das Vogelgezwitscher. Sie war tief in Gedanken versunken. Gestern Abend hatte Kim mit David telefoniert, über eine Stunde hatten sie gesprochen. Kim hatte von ihren Erlebnissen auf der Blumenfarm erzählt. Dabei musste sie so ehrlich begeistert geklungen haben, dass David schließlich fast traurig war, dass er nicht zur Rettungsaktion gekommen war und den Hof dadurch bisher nicht kennenlernen konnte. Aber als er gefragt hatte, ob Kim in den nächsten Tagen noch mal auf der Blumenfarm sein würde, hatte sie herumgedruckst und rasch das Thema gewechselt. Irgendwie wollte sie diesen Ort nicht mit David teilen. Nach dem Telefonat war Kim froh gewesen, so ausführlich mit David gesprochen zu haben. Doch gleichzeitig lag ein grauer Schleier über diesem Gefühl. Denn da war noch ein anderes Gefühl, das drängte und drückte, jedoch konnte Kim nicht erspüren, was es war. Heute war dieses Gefühl noch immer da. Plötzlich durchfuhr sie eine Erkenntnis wie ein Blitz: Wenn sie mit David telefonierte, war es, als telefonierte sie mit Franzi oder Marie, wie mit einem guten Freund eben. Da war kein Herzklopfen mehr. Das hatte sie, wenn sie mit Camilla telefonierte. Wenn sie sich mit Camilla traf. Oder wenn sie an Camilla dachte, so wie jetzt. Kim spürte ihr Herz bis zum Hals pochen. Sie hatte nur noch selten Lust, sich mit David zu treffen. Doch wenn sich Camilla meldete, wollte sie alles stehen und liegen lassen. Was hatte das zu bedeuten? Hieß das ... Kim schüttelte ihren Kopf, wie um den Gedanken abzuschütteln. Aber es funktionierte nicht. Warum hatte sie das denn nicht früher bemerkt? Und war es Camilla aufgefallen?

Wildes Bimmeln riss Kim aus ihren Gedanken. Sie wandte den Kopf, hinter ihr näherten sich Franzi und Marie, die beiden hatten sich offenbar auf dem Weg zur Blumenfarm getroffen.

»Kim, warte auf uns!«, rief Franzi. Kim fuhr langsamer. Ob ihre Freundinnen ihr ansehen konnten, worüber sie gerade nachgedacht hatte, überlegte Kim fieberhaft. So ein Quatsch, wie sollten sie das sehen! Aber vielleicht hatte sie rote Wangen? Kim nahm ihre linke Hand vom Lenker und betastete ihr Gesicht. Normal warm, stellte sie fest.

»Hi, na«, grüßte Kim ihre Freundinnen mit schiefem Lächeln. Die beiden sprudelten sofort los und erzählten Kim von der zufälligen Begegnung an einer Kreuzung und wie sie fast zusammengekracht wären, wenn Kim es richtig verstand. Es fiel ihr schwer, sich auf die etwas wirre Geschichte zu konzentrieren. Glücklicherweise waren sie da schon an der Blumenfarm angekommen. Vor dem Wohnhaus standen die beiden Journalistinnen – schon wieder. Langsam erschien das Kim merkwürdig.

Wie lange recherchierten die denn für einen Text? Und warum kamen sie so häufig zur Blumenfarm, es gab doch noch zahlreiche andere Höfe und *Cottagecore*-taugliche Orte in der Umgebung. Die Frauen drehten sich um und Kim hatte den Eindruck, als eilten sie nun auffällig schnell davon. »Irgendwie verhalten die sich seltsam«, fand Kim.

»Ist mir auch aufgefallen«, sagte Franzi. »Was machen die beiden so oft hier?«

»Ja, wenn sie für ihren *Cottagecore*-Artikel ausschließlich über die Blumenfarm schreiben wollen würden, dann hätten sie doch sicherlich schon mal ein Interview mit Feli und Marta geführt«, wunderte sich Marie.

»Wollen wir ihnen folgen?«, fragte Franzi. »Nur, um zu gucken, was sie machen oder wo sie wohnen.«

»Wir müssen aber aufpassen, dass wir genügend Abstand halten«, gab Kim zu bedenken.

Die Detektivinnen ließen den Frauen Vorsprung, bis sie um die Kurve gebogen waren, hinter der der Hof von Jonas Anrath lag, dann erhöhten sie ihr Tempo wieder etwas. Die Frauen hatten zu joggen begonnen, tatsächlich trugen sie Sportkleidung, wie Kim jetzt auffiel. Aber eine von ihnen hatte einen Rucksack dabei, was Kim ebenfalls verdächtig schien. Ihr Detektivinneninstinkt war geweckt!

»Wir sind gleich im nächsten Dorf, wie lange wollen wir ihnen noch folgen?«, fragte Marie. Da blieben die Frauen stehen und unterhielten sich mit jemandem.

»Das ist Ronja!«, stellte Franzi verblüfft fest. Sie bremste, Ma-

rie und Kim taten es ihr nach. Sie waren halb hinter einer Kurve und konnten die Frauen so hoffentlich unentdeckt beobachten. Ronja schien die beiden zu kennen, es war ein intensives, aber eiliges Gespräch. Als sie sich zunickten, weil das Gespräch offenbar zu Ende ging, drehten die Detektivinnen ihre Räder hastig um und machten sich auf den Weg zurück zur Blumenfarm.
»Ronja scheint die Frauen zu kennen«, sagte Franzi.
»Vielleicht haben sie sich schon mal unterhalten, weil sie ja tatsächlich oft an der Blumenfarm vorbeilaufen«, sagte Kim. »Wir sollten Ronja trotzdem fragen, ob sie die Frauen näher kennt.«
Sie stellten ihre Räder auf dem geschotterten Parkplatz ab und warteten auf Ronja, die nach etwa zehn Minuten auf dem Weg auftauchte. Sie winkte den Mädchen und kam zu ihnen herüber. Nach einer freundlichen Begrüßung, entschied Kim, direkt zum Thema zu kommen: »Wir haben dich eben zufällig mit den beiden Journalistinnen gesehen«, sagte sie beiläufig zu Ronja. »Kennt ihr euch gut?«
Ronja schüttelte den Kopf. »Kennen ist zu viel gesagt, wir sehen uns gelegentlich zufällig hier vor dem Hof und plaudern ein wenig.«
Koray kam mit einer Schubkarre aus dem Hoftor, grüßte fröhlich und ging weiter zum Blumenfeld.
»Es wirkte so, als ob ihr euch besser kennt«, meinte Marie. »Wie lange bleiben sie denn noch hier, ihre Recherchen müssen doch irgendwann abgeschlossen sein?«
»Das weiß ich wirklich nicht«, antwortete Ronja schnell.

»Wir unterhalten uns eher über belangloses Zeug. Das Wetter und so.«

Franzi holte Luft, um weiter nachzuhaken, doch in diesem Moment durchschnitt Korays Stimme den Sommermorgen: »Was ist das denn schon wieder?«, rief er. Es klang wütend und schockiert. Die drei !!! und Ronja warfen sich einen erschrockenen Blick zu und liefen dann sofort zu Koray. Er stand im Blumenfeld, vor seinen Füßen eine zerfurchte, umgegrabene Stelle. Es war unvorstellbar, dass hier gestern noch herrliche Blumen geblüht haben sollten. »Wer war das denn?«, fragte Ronja. »Wildschweine?«

Koray zuckte mit den Schultern. »Kann sein«, sagte er matt. »Wir müssen Feli und Marta Bescheid geben.«

Ronja bot an, zum Haus hinüberzulaufen. Koray stützte sich auf seinen Rechen und nickte nur.

Kim hatte sich hingehockt und untersuchte den Boden, der mit Pflanzenresten und Blütenblättern vermengt war. »Das waren keine Wildschweine«, erklärte sie. »Hier sind Schuhabdrücke. Und Spuren, die ich nicht zuordnen kann.«

Marie und Franzi hockten sich neben sie. »Das sieht nach Reifenabdrücken aus«, vermutete Franzi. »Wie von dieser Schubkarre«, sie deutete auf die Schubkarre, die Koray neben sich abgestellt hatte.

»Bist du hier eben entlanggefahren?«, fragte Marie.

Koray verneinte. Kim entdeckte weitere Reifenabdrücke auf der gesamten Fläche. Nur die typischen Spuren und Abdrücke von Wildschweinen fand sie nicht.

Marta und Feli kamen vom Hof herübergelaufen und betrachteten wortlos die zerwühlte Erde. Kim zeigte ihnen die Spuren, die sie entdeckt hatten. »Das waren keine Wildschweine«, wiederholte sie. »Vermutlich ist es ein neuer Sabotageakt.«

»Ausgerechnet heute – Marta, geh wieder rein, du hast genug zu tun mit dem Bericht.«

»Ich helfe dir natürlich!«, protestierte Marta.

»Hier gibt es nichts mehr zu helfen, es ist nichts zu retten«, sagte Feli kraftlos.

»Wir stellen das Beet wieder her und säen noch etwas aus. Oder wir setzen in zwei Monaten die Tulpenzwiebeln«, tröstete Marta. »Es ist doch nicht alles verloren.«

»Damit nicht alles verloren ist, solltest du jetzt wieder an den Schreibtisch gehen und den Bericht fertig machen. Davon hängt alles ab«, sagte Feli eindrücklich.

»Was für einen Bericht musst du denn schreiben?«, fragte Franzi Marta.

»Wir haben euch doch erzählt, dass Annmieke van der Bloemen den Hof an eine Stiftung der Stadt vererbt hat. Ihr müssen wir alle drei Jahre einen Bericht über unser Hof-Projekt vorlegen«, erklärte Marta. »Darin müssen wir unsere wirtschaftliche Situation darlegen, was wir in den vergangenen drei Jahren umgesetzt haben und was unsere Pläne für die kommenden drei Jahre sind. Das ist ein sehr umfangreicher Bericht und ich erstelle ihn jetzt zum ersten Mal, darum bin ich etwas nervös.«

»Unser Vertrag wird alle drei Jahre verlängert, wenn alles passt. Es ist so gewünscht, dass die Pächterinnen langfristig auf dem

Hof leben und wirtschaften. Wir sind uns eigentlich sicher, dass wir für weitere drei Jahre hierbleiben dürfen«, sagte Feli und stockte, »aber um ehrlich zu sein, haben wir mehrfach darüber gesprochen, ob wir uns das nach den Vorkommnissen der letzten Wochen weiter zutrauen«, gab Feli zu.

»Offenbar möchte uns jemand vertreiben«, sagte Marta bitter. »Das macht etwas mit uns. Wir stecken unser gesamtes Herzblut in die Blumenfarm und arbeiten oft bis zur kompletten Erschöpfung. Das soll nicht umsonst gewesen sein, aber im Moment fühlt es sich wie ein aussichtsloser Kampf an. Ich meine, schaut euch um.« Sie deutete auf die Blumenreste vor sich. »Aber wir machen weiter, wenn man uns lässt.«

»Was würde denn passieren, wenn ihr freiwillig aufhören wollt oder aufhören müsst?«, fragte Marie.

Das wussten Feli und Marta nicht genau. »Vielleicht wird der Hof neu zur Bewerbung ausgeschrieben«, vermutete Marta, »oder ein Projekt der Leute, die sich vor drei Jahren mit uns beworben haben, wird ausgewählt.«

»Hattet ihr damals viele Konkurrenten?«, fragte Kim.

»Ja, es haben sich mehrere Paare, Familien und Gruppen ebenfalls mit Konzepten um den Hof beworben«, antwortete Feli.

»Kennt ihr die anderen?«, wollte Kim wissen.

Marta schüttelte den Kopf. »Es gab keinen direkten Kontakt zwischen den Personen, die sich beworben hatten. Die meisten stammten nicht von hier und die Stiftung hat unsere Kontaktdaten nicht herausgegeben. Jetzt muss ich aber wirklich rein«, sagte sie.

Feli und Koray gingen mit ihr, um Arbeitswerkzeuge zu holen, mit denen sie die Beete wieder in Ordnung bringen konnten.

»Wisst ihr, was ich glaube?«, flüsterte Kim, sobald das Blumenfarm-Team außer Hörweite war. »Vielleicht möchte wirklich jemand Marta und Feli vom Hof vertreiben. Weil er oder sie hier ein eigenes Projekt verwirklichen will.«

Versöhnung der Lieblingsfeinde?

»Feli und Marta haben zwar keine Kontaktdaten ihrer Mitbewerber«, fuhr Kim fort, »aber alle, die sich vor etwas mehr als drei Jahren beworben haben, wissen, wo die Blumenfarm ist.«

»Und alle wissen, dass nach knapp drei Jahren die Abgabe eines solchen Berichts gefordert ist, wie Marta ihn jetzt schreibt«, stieg Marie in die Überlegungen mit ein.

»Aber was ist das Ziel?«, fragte Franzi. »Marta und Feli zum Aufgeben zwingen oder hier so viel Chaos stiften und Einnahmen zerstören, sodass die Stiftung entscheidet, das Projekt Blumenfarm zu beenden?«

»Beides ist möglich«, überlegte Kim. »Wir müssen herausfinden, wer sich damals ebenfalls beworben hat.«

Die drei !!! gingen zum Wohnhaus hinüber, traten durch die wie immer unverschlossene Haustür und klopften ans Büro, Marta bat sie herein.

Kim erzählte ihr aufgeregt von dem Verdacht der Detektivinnen, dass einer ihrer Mitbewerber um den Hof hinter der Sabotage stecken könnte. »Aber ich habe euch doch schon gesagt, dass ich von den anderen niemanden kenne«, sagte Marta stirnrunzelnd. »Ich weiß nicht, wie ich euch helfen kann.«

Marie hatte eine Idee: »Habt ihr noch Unterlagen zu eurer Bewerbung oder der Zeit danach? Gab es vielleicht Zeitungsartikel?«

Martas Gesicht hellte sich auf. »Wir haben eine ganze Kiste voll Erinnerungskram«, sagte sie und stand von ihrem Schreibtisch auf. Aus einem Wandschrank zog sie eine große Pappschachtel und überreichte sie Marie. »Hier ist alles drin.«

»Sollen wir hinausgehen?«, fragte Franzi.

Marta schlug den drei !!! vor, in die Wohnküche zu gehen. »Da habt ihr den ganzen Esstisch für euch und außerdem eure Ruhe – und ich auch«, meinte sie lachend.

Dafür hatten die Detektivinnen natürlich Verständnis, ihnen war die ungestörte Recherche auch lieber.

Marie trug die Schachtel in die Wohnküche und breitete den Inhalt auf dem großen Tisch aus: Zeitungsartikel, Konzepte, Fotos, Flyer, Einladungen, handschriftliche Notizen und eine Art Katalog, der sofort Kims Aufmerksamkeit erregte. Kim griff danach und blätterte darin, während Marie und Franzi das weitere Material auswerteten.

Der Katalog entpuppte sich als Abschlussbericht. Es gab einführende Worte der städtischen Stiftung zu Annmieke van der Bloemens Erbe und dem Hof. Anschließend wurden alle Projektideen und die dazugehörigen Bewerberinnen und Bewerber vorgestellt. Also wussten Marta und Feli doch, wer ihre Konkurrenz gewesen war – vielleicht hatten sie den Katalog vergessen oder nie hineingeschaut. Kim staunte über die unterschiedlichen Projektideen, die eingereicht worden waren. Eine Frau wollte mit ihrer Tochter eine Käserei mit Schaf- und Ziegenhaltung auf dem Hof umsetzen, dann gab es die Idee für eine Zucht besonderer Pilze für Feinschmecker, einen Lehrbauernhof für Kinder und ein Café, in dem Kuchen und Speisen mit selbst angebautem Obst und Gemüse serviert werden sollten. Das fand Kim auch nicht schlecht, aber Marta und Feli hatten den Zuschlag zu Recht erhalten. Kim betrachtete das Foto der beiden, die nervös in die Kamera lachten. Sie blätterte weiter. Ein Bauernhofprojekt mit Gemüseanbau wurde vorgestellt. Das klang auch gut, aber ein wenig gewöhnlich im Vergleich zu den anderen Projekten und Martas und Felis Ansatz mit den Mietäckern und der solidarischen Landwirtschaft. Kims Blick wanderte auf die rechte Katalogseite zum Foto der Bewerberinnen. Sie erstarrte. Die Frauen kannte sie doch! Kim schnappte nach Luft. Marie und Franzi blickten fragend auf.

»Das … das sind sie!«, japste Kim.

»Wer?«, fragte Franzi verständnislos.

»Diese Frauen!«, sagte Kim und hielt ihren Freundinnen den Katalog hin. »Diese Journalistinnen.«

Franzi und Marie betrachteten stumm das Foto. »Die angeblichen Journalistinnen vielmehr«, sagte Marie dann. Sie las die Bildunterschrift vor: »Alice Mertens und Blanka Bachmann. Nicht im Bild: Johanna Mertens.«

»Wir müssen Marta noch mal stören«, seufzte Franzi.

Feli war auch im Büro und berichtete Marta von den Aufräumarbeiten. Franzi klopfte gegen den Türrahmen. Die Detektivinnen traten ein und Kim legte den Katalog auf Martas Schreibtisch. »Kommen euch die beiden bekannt vor?«

»Das sind doch die Journalistinnen, die mit dem *Cottagecore*-Artikel!«, rief Feli.

»Könnt ihr euch erinnern, ob das Auftreten der ersten Sabotageakte, vermutlich der erste Diebstahl der Einnahmen aus dem Selbstbedienungshäuschen, mit dem Auftauchen dieser Frauen zusammenfällt?«, fragte Kim.

»Glaubt ihr, *die* stecken hinter alldem?«, fragte Marta verblüfft. Sie betrachtete noch immer die aufgeschlagene Seite. Dann klappte sie ihren Laptop auf und tippte die beiden Namen in die Suchmaschine. Konzentriert blickte Marta auf den Bildschirm und scrollte eine Weile. Anschließend sagte sie: »Also ich kann die Namen nicht in Zusammenhang mit einer Zeitung oder Zeitschrift finden«, erklärte sie.

Kim nickte. »Das dachten wir uns. Wir vermuten, dass die Frauen ihr Projekt für den Hof während der letzten drei Jahre keineswegs abgeschrieben haben. Und da es bei euch ausgezeichnet läuft, helfen sie vielleicht nach. Sodass ihr keine Lust mehr habt oder es von außen betrachtet so wirken könnte, als ginge es hier drunter und drüber.«

»Habt ihr zufällig in einem Gespräch mal mitbekommen, wo Alice Mertens und Blanka Bachmann untergekommen sind?«, fragte Marie.

»Weil sie meistens aus Richtung Anrathhof kamen, dachte ich, dass sie auf einem der Höfe dort oder im Nachbardorf in einer

Ferienwohnung oder Pension wohnen«, sagte Feli. »Aber ich weiß es nicht.«
Marta wusste leider auch nichts.
»Wir fragen Ronja«, sagte Franzi. »Sie scheint öfter mit den Frauen gesprochen zu haben.«

Ronja war noch mit Koray auf dem Blumenfeld. Das zerstörte Stück Beet war inzwischen wieder glatt geharkt. Koray säte etwas aus. Kim wunderte sich, dass Ronja ihrem Mitpraktikanten nicht half, aber vielleicht war das so abgesprochen. »Ronja, diese beiden Frauen, mit denen du heute Morgen gesprochen hast«, sagte Marie, »weißt du, wo sie wohnen?«
»Nein, wieso?«, fragte Ronja überrascht.
»Wir würden sie gern zu den Vorkommnissen auf dem Hof befragen«, antwortete Franzi. In knappen Worten erzählte sie Ronja von ihrem Verdacht. »Ich weiß wirklich nichts«, sagte Ronja.
»Hast du dich mal mit den beiden unterhalten, Koray?«, fragte Marie hoffnungsvoll und hielt Koray den Katalog hin, doch der schüttelte den Kopf.
»Dann müssen wir sie suchen«, beschloss Kim.
»Mir fällt etwas ein!«, sagte Ronja plötzlich. »Sie haben vorhin erzählt, dass das ihre Abschieds-Joggingrunde sei. Vielleicht reisen sie ab oder sind sogar schon gefahren.«
»Dann müssen wir noch mal im Internet recherchieren und eine Kontaktmöglichkeit herausfinden«, meinte Franzi entschlossen.

»Allerdings hören die Vorfälle vermutlich auf, wenn die Frauen weg sind«, sagte Ronja. »Dann hätte sich das Problem von selbst erledigt und ihr müsstet keinen Aufwand mehr betreiben.«
»Das sind Verdächtige!«, empörte sich Kim. »Wir müssen sie befragen, schließlich sind Marta und Feli zu Schaden gekommen!«
»Okay, ihr habt recht«, lenkte Ronja ein. »Vielleicht habe ich mich auch verhört und sie sind noch gar nicht abgereist. Wir halten die Augen offen, nicht wahr, Koray?«

Die drei !!! gingen zurück ins Haus, um sich einen der Laptops zu leihen. Sie wollten herausfinden, wo in der Umgebung Ferienwohnungen und Pensionen lagen, und noch einmal selbst im Internet nach Alice Mertens und Blanka Bachmann suchen. Das ließ sich besser am Laptop als am kleinen Handybildschirm recherchieren.
»Marta und ich haben gerade etwas beschlossen«, verkündete Feli, als die Detektivinnen das Büro erneut betraten.
»Das mit dem Bericht wird wohl eine Nachtschicht«, sagte Marta grinsend. »Wir wollen morgen Abend spontan ein Hoffest veranstalten und dazu alle einladen, die uns während der letzten Tage geholfen haben. Ihr seid natürlich herzlich willkommen. Franzi, dein Vater und Chrissie auch, wann kommen eigentlich Stefan, Britt und Leni aus dem Urlaub zurück? Na ja, und Kim, bring unbedingt deine Freundin mit. Habt ihr Zeit?«
Kim wurde rot. »Deine Freundin« hallte wie ein Echo in ih-

rem Kopf wider. Was sollte das, Camilla war doch ihre Freundin, eine gute Freundin. Nicht die beste wie Marie und Franzi, aber eine sehr, sehr gute Freundin.
»Wir kommen gern, oder?«, sagte Marie und stupste Kim an, die noch immer wie erstarrt war.
»Ähm, ja, na klar«, sagte Kim.
»Prima«, freute sich Feli. »Ich schreibe eine Einkaufsliste.«
»Können wir uns vielleicht für eine Stunde einen Laptop von euch ausleihen?«, fragte Marie.

Eine Stunde später unterbrachen die Detektivinnen ihre Ermittlungen. Es hatte zu regnen begonnen, darum räumte Feli eine der Scheunen auf, falls sich der Regen hielt und die Feier am morgigen Abend drinnen stattfinden musste. Sie hatte die Kanister von Jonas Anrath auf den Hof gestellt, was Kim aus dem Bürofenster beobachtet hatte. Mit ihren Ermittlungen kamen sie an diesem Punkt nicht weiter, es gab 37 Ferienwohnungen und Gästehäuser im Radius von 10 Kilometern und zu Alice Mertens und Blanka Bachmann waren keinerlei Kontaktinformationen oder Social-Media-Profile auffindbar. »Wollen wir einen Spaziergang machen?«, fragte Kim darum. Außerdem hatten sie schon gestern die Kanister zurückbringen wollen, es aber in all dem Trubel komplett vergessen.
Sie nahmen sich einen Regenschirm aus dem Schirmständer im Flur, schnappten sich die Kanister und spazierten im leichten Nieselregen zum Anrathhof. Marie hatte sich bei Kim eingehakt, um vom Schirm geschützt zu sein, beide trugen einen Ka-

nister. Franzi hatte auf einen Schirm verzichtet, Nieselregen war kein richtiger Regen, fand sie, und trug die restlichen drei leeren Kanister.

Vor dem Anrathhof kippte ein Schlepper gerade dampfende, eigentümlich riechende, schwarze Erde ab.

»Kompost«, sagte der Landwirt zur Begrüßung. »Zum Mulchen!« Fast stolz blickte er die Mädchen an.

»Ach«, machte Franzi und grinste. »Sagen Sie bloß, Sie haben sich doch etwas von Marta und Feli abgeguckt.«

»Mikkel hat gesagt, dass auch wir uns langsam Gedanken machen sollten, wie wir unsere Arbeit an den Klimawandel anpassen. Da sich durch das Mulchen die Bodenstruktur verbessert und in der Folge auch Wasser besser gehalten wird und es so auch weniger schnell verdunstet ... hab ich mich überzeugen lassen, das mal auszuprobieren«, gab Jonas Anrath zu. »Ist sogar bio! Aber was dieser Haufen Mulch kostet! Mal sehen, ob sich das lohnt. Außerdem regnet es ja jetzt, von wegen Klimawandel!«

Franzi verdrehte die Augen. »Wetter ist nicht Klima«, sagte sie. »Wetter ist kurzfristig – jetzt im Moment regnet es. Das Klima ist das durchschnittliche Wetter über einen langen Zeitraum. Und es ist wissenschaftlich bewiesen, dass es immer wärmer wird.«

Nun verdrehte Jonas Anrath die Augen. »Mikkel und du, ihr würdet euch gut verstehen. Aber ihr habt recht. Die Trockenheit setzt der Natur und uns Landwirten zu. Ich musste noch nie so viel bewässern wie in diesem Jahr. Darum hoffe ich, dass das Mulchen einen Effekt hat.«

»Wir haben Ihnen Ihre Kanister mitgebracht«, sagte Kim und hob zum Beweis den Kanister in ihrer Hand hoch.
»Danke, das ist nett!«, sagte Anrath. »Stellt sie ruhig einfach hier ab.« Er entschuldigte sich kurz, er musste den Lieferschein unterschreiben und den Schlepperfahrer verabschieden.
Als er zurückkam, hatte Kim plötzlich eine Idee. »Vielleicht wollen Sie sich mal mit ihrer Lieblingsfeindin über das Mulchen unterhalten«, meinte Kim grinsend. »Morgen Abend findet auf der Blumenfarm ein Hoffest statt und Sie sind herzlich eingeladen!« Franzi und Marie sahen ihre Freundin überrascht an. Aber Kim ließ sich nicht beirren, sie war sich sicher, dass das eine hervorragende Idee war. Auch Jonas Anrath war überrascht. »Ich schaue vielleicht mal vorbei«, war aber alles, was er dazu sagte.
Besser als nichts, fand Kim. »Dann bis morgen, um 17 Uhr geht es los«, sagte sie zum Abschied.
Es regnete nun stärker und Franzi quetschte sich mit unter den Schirm. Das war ziemlich eng und sie schwankten mehr, als sie gingen. Kichernd und fast trocken erreichten sie die Blumenfarm. Auf den Mietgemüseäckern leuchtete ein gelber Regenmantel. Es war Ronja, die im Gespräch mit zwei Pächtern war, die sich ebenfalls mit Regenjacken gegen das Wetter schützten und auf ihrem Acker arbeiteten.
Die drei !!! waren stehen geblieben. Der Regen trommelte auf den Schirm und Kims Füße wurden langsam nass. Doch das bemerkte sie nicht. Sie starrte nur auf den gelben Regenmantel von Ronja. Eine Frau im gelben Regenmantel.

Überraschung beim Hoffest

»Viele Leute haben einen gelben Regenmantel«, gab Franzi zu bedenken.

»Aber ausgerechnet eine Frau im gelben Regenmantel kannte den toten Winkel der Überwachungskamera und wusste von den Düngemittelkanistern bei Anrath«, sagte Marie.

Ronja kam auf sie zu. »Und, habt ihr etwas herausfinden können über diese Frauen?«, erkundigte sie sich.

Kim schüttelte den Kopf. »Wir haben eben die Kanister zu Anrath zurückgebracht. Er hat sogar jemanden beobachtet, der die Kanister hier auf dem Hof versteckt hat, wusstest du das?«

»Ja, aber kann man sich darauf verlassen?«, meinte Ronja.

»Wir gehen jeder Spur nach«, sagte Marie. »Toller Regenmantel übrigens. Hast du den schon lange?«

»Ja, schon ewig«, sagte Ronja. »Den habe ich in einem ganz kleinen Onlineshop gekauft. Wenn du magst, gebe ich dir mal die Adresse.«

»Gerne!«, sagte Marie. »Sehen wir uns dann morgen auf dem Hoffest?«

»Klar, ich freue mich schon darauf!«, sagte Ronja.
Kim atmete geräuschvoll aus. Sie hatte den Atem angehalten. Nicht mit einer Wimper hatte Ronja gezuckt! Aber genau das fand Kim verdächtig. Andererseits hatte Franzi recht: Gelbe Regenmäntel waren nicht selten.

Detektivtagebuch von Kim Jülich
Dienstag, 22:17 Uhr

Wir haben zwei Verdächtige: Alice Mertens und Blanka Bachmann – aber wir wissen bislang leider nicht, wie wir an sie herankommen. Im Internet sind die Frauen, die vor drei Jahren mit Feli und Marta um den Hof konkurriert haben, nicht aufzufinden. Wir hatten gehofft, eine Kontaktmöglichkeit oder zumindest einen Wohnort herauszufinden. Fehlanzeige.
Auch unsere Idee, alle Ferienwohnungen, Pensionen und Gasthäuser abzuklappern, erweist sich als schwierig: Rund um die Blumenfarm gibt es 37 Übernachtungsmöglichkeiten. Zudem ist es nur eine Vermutung, dass sie einigermaßen in der Nähe wohnen. Vielleicht übernachten sie bei Freunden oder sind in einem Hotel hier in der Stadt abgestiegen? 1.000 Möglichkeiten. Jetzt können wir nur hoffen, ihnen noch einmal zufällig über den Weg zu laufen. So wie in den vergangenen Tagen mehrfach. Doch Ronja sagte, dass die Frauen heute vielleicht abgereist sind. Das hat sie im Gespräch so verstanden, aber sicher ist sie sich nicht. Und Ronja ... sie hat versucht uns vorauszureden, nach Alice Mertens und Blanka Bachmann zu suchen, und hat die Vorfälle auf der Blumenfarm überraschenderweise heruntergespielt. Aber die größte Überraschung war, dass sie einen gelben Regenmantel hat!!! Eine Frau im gelben Regenmantel wurde von Jonas Anrath dabei beobachtet, wie sie die Kanister auf der Blumenfarm versteckt hat – aber was hätte Ronja für ein Motiv?

Geheimes Tagebuch von Kim Jülich
Dienstag, 22:39 Uhr

► Ben und Lukas, nehmt eure Finger weg! Oder ich nehme euch zu einem Landwirt mit, der Hilfe beim Kompostschaufeln brauchen kann! ◄
Morgen ist das Hoffest auf der Blumenfarm – ich bin gespannt, ob Jonas Anrath meiner Einladung folgt, hihi. Ich hatte das Gefühl, ein Schubs zu mehr Miteinander in der Nachbarschaft war nötig. Und wer weiß: Vielleicht wird sogar eine Freundschaft daraus! Zum Thema Freundschaft: Camilla kommt morgen auch mit, ich habe sie gefragt. Nicht direkt persönlich, ich habe ihr eine Nachricht geschrieben. Am Telefon hätte ich bestimmt keinen Ton herausbekommen. Aber morgen muss ich mit ihr sprechen ... also nicht darüber, ganz normal meine ich! Muss ich darüber überhaupt mit ihr sprechen? Dass ich Herzrasen in ihrer Gegenwart bekomme und wenn ich an sie denke? Also eigentlich immer? Ich weiß nicht, wie das passieren konnte. Dass ich mich in Camilla verliebt habe. Also, vielleicht. Wahrscheinlich.

Kim versuchte am nächsten Tag, nicht nachzudenken. Sie saugte freiwillig Staub und trug dabei Kopfhörer und hörte laut Musik. Danach reparierte sie mit ihrem Vater zusammen den Plattenspieler und anschließend ließ sie sich sogar von Ben und Lukas zum Computerspielen überreden.
Irgendwann rückte jedoch 17 Uhr näher. Kim überlegte lange, was sie anziehen sollte. Sie entschied sich für einen Rock und ein gestreiftes T-Shirt, wechselte dann zu einer Jeans, zog eine geblümte Weste über das Shirt, war mit ihren Haaren unzufrieden und zog dann noch mal etwas ganz anderes an. Als sie schon auf dem Weg zu ihrem Fahrrad war, entschied sie sich

um, hastete die Treppen zu ihrem Zimmer hinauf und zog sich noch einmal um. Jetzt trug sie die Jeans, ein einfarbiges Shirt und die Weste. Kim warf einen kritischen Blick in den Spiegel, aber jetzt war es sowieso zu spät, sie musste los.

Der Regen hatte sich über Nacht verzogen und so konnte das Hoffest auf dem Innenhof stattfinden, der liebevoll geschmückt und hergerichtet war: Bunte Wimpelketten, Lampions und Lichterketten waren über zwei lange Tische gespannt. Die Tische waren eingedeckt und zahlreiche Blumensträuße und Windlichter schmückten die Tafeln. Es lief leise Musik, die von dem fröhlichen Geplauder der bereits eingetroffenen Gäste fast gänzlich übertönt wurde. Kim hatte herzhafte Muffins mitgebracht, die sie neben Maries Kräuterbutter und Tomatenbutter auf das Buffet stellte. Franzi hatte selbst gebackenes Baguette dabei und Chrissie und ihr Vater würden später noch Nudelsalat mitbringen.
»Das sieht aber alles lecker aus!«, freute sich Kim. Marta entzündete den Grill. »Schön, dass ihr da seid«, rief sie und winkte den drei !!!. »Nehmt euch etwas zu trinken und sucht euch einen Platz«, schlug sie vor.
Kims Handy klingelte. Es war Camilla. Kims Hals war plötzlich wie zugeschnürt. Trotzdem nahm sie den Anruf entgegen.
»Hallo?«, krächzte sie.
»Kim, bist du es?«, fragte Camilla erstaunt.
»Ich bin etwas heiser«, sagte Kim.
Franzi und Marie warfen ihr einen überraschten Seitenblick zu.

Camilla erklärte Kim, dass sie leider doch nicht kommen konnte. Sie hatte vergessen, dass sie mit einer anderen Freundin für heute zum Kinobesuch verabredet war.
Kim spürte einen Stich in der Magengegend. Sie wünschte Camilla viel Spaß und legte auf.
»Schade, dass Camilla nicht kommen kann«, sagte Marie und legte Kim einen Arm um die Schultern. »Vielleicht könnt ihr euch morgen treffen?« Kim nickte. Franzi hielt Ausschau nach einem freien Platz. Ronja hatte die Mädchen entdeckt und winkte sie zu sich.
»Hier ist noch frei«, sagte Ronja und rückte ein Stückchen zur Seite, sodass Kim, Franzi und Marie sich neben ihr niederlassen konnten. Auf deren anderer Seite saßen Koray und Martas Mutter, die in ein angeregtes Gespräch vertieft waren, in das Ronja nun wieder einstieg. Ronjas Handy lag auf dem Tisch, es piepste, doch Ronja nahm es nicht wahr. Unwillkürlich warf Kim einen Blick auf den erhellten Bildschirm, eine Nachricht war darauf erschienen:

18 Uhr ist perfekt. So wie wir es besprochen haben. Wir zählen auf dich!

Ein mulmiges Gefühl stieg in Kim auf. Was hatte das zu bedeuten? Doch bevor sie Franzi und Marie davon erzählen konnte, lenkten sie die neu eintreffenden Gäste ab. Den einen hätte sie ohne grüne Latzhose fast nicht erkannt: Jonas Anrath und Mikkel waren tatsächlich gekommen! Auch Marta und Feli konnten es nicht fassen. Kim drückte unter dem Tisch die Daumen, dass es nicht zu einer unangenehmen Situation kommen würde. Aber zum Glück waren Marta und Feli so perplex, dass sie sich über Jonas Anraths Dank für die Einladung nicht wunderten und sich einen großen Kuchen und zwei Flaschen Apfelsaft in die Hände drücken ließen. Auch Franzi und Marie beobachteten gebannt das Geschehen. Leider konnten sie nicht hören, was gesprochen wurde, aber als Marta in herzliches Lachen ausbrach, nachdem Anrath etwas sagte, und sie sich dann die Hände gaben, waren die drei Freundinnen erleichtert. Mikkel und sein Vater nahmen am Nebentisch Platz und nickten den Detektivinnen zur Begrüßung zu.

»Mission geglückt!«, stellte Marie fest.

Kim strahlte, sie war fast ein wenig stolz auf sich. »Wenigstens *dieser* Fall ist gelöst«, freute sie sich. Sie hob ihr mit Eistee gefülltes Glas und stieß mit ihren Freundinnen an. »Auf gute Nachbarschaft«, sagte sie, Franzi antwortete: »Auf die Freundschaft!«

Kims Blick fiel wieder auf Ronjas Handy, das hatte sie fast vergessen. Sie beugte sich zu Marie und Franzi hinüber und erzählte ihnen flüsternd von der Nachricht, die Ronja eben erhalten hatte.

»Komisch«, fand auch Franzi. »Kann das eine Nachricht von Feli oder Marta gewesen sein, passiert um 18 Uhr etwas Besonderes?«

Das konnte sich Kim nicht vorstellen. »Die standen fast hinter uns am Buffet, sie hätten Ronja doch direkt ansprechen können.«

In diesem Moment erhob sich Ronja. An niemanden Bestimmtes gewandt sagte sie: »So, ich helfe Feli kurz bei etwas«, und ging davon.
»Ach so«, sagte Franzi. »Falscher Alarm.«
Aber Kim war sich sicher, dass hier etwas nicht stimmte. Sie faltete die Serviette auf, die neben ihrem Teller lag, legte sie sich in die Hand und nahm mit einer raschen Bewegung Ronjas Trinkglas vom Tisch.
»Was hast du vor?«, fragte Marie.
»Fingerabdrücke nehmen«, sagte Kim knapp. Das hätten sie schon gestern tun sollen, als sie Ronja in ihrem gelben Regenmantel gesehen hatten. Jetzt war die Gelegenheit jedoch perfekt.
Kim wickelte das Glas unter dem Tisch komplett in die Serviette ein. »Kommt ihr mit?«, fragte sie ihre Freundinnen. Die drei !!! erhoben sich und zogen sich in das Selbstbedienungshäuschen zurück. »Hoffentlich kommt jetzt niemand her«, sagte Marie. »Franzi, rück doch mal ein Stück.«
»Wohin denn?«, beschwerte sich Franzi.
»Ruhe jetzt«, sagte Kim. »Entschuldigung, aber wir müssen uns konzentrieren und vor allem beeilen. Gleich ist es 18 Uhr.« Sie war sich sicher, dass etwas passieren würde.
Kim zog Einmalhandschuhe an, nahm das Glas vorsichtig aus ihrem Rucksack und bat Franzi, das Fingerabdruckset ebenfalls herauszuholen. Dann pinselte sie das Glas mit Grafitpulver ein und Marie nahm die Fingerabdrücke mit Klebeband ab, die sie anschließend in das Detektivtagebuch für unterwegs klebte.

Die Detektivinnen beugten sich über die Fingerabdrücke. Kim sah es zuerst und nickte ernst. »Sie war es«, sagte sie. »Seht ihr das: Das sind Ronjas Fingerabdrücke auf den Kanistern und auf der Kasse.«
»Puh«, machte Franzi. »Das ist wirklich krass.«
»Warum hat Ronja das gemacht?«, überlegte Marie.
Kim packte ihre Utensilien in den Rucksack zurück. »Wir müssen sie fragen«, sagte sie. Draußen war ein Raunen zu hören. Marie trat aus dem Hoflädchen. Der Strom war ausgefallen. Es war noch hell und darum war der Stromausfall nicht weiter schlimm. »Wir gehen nachsehen!«, erklärte Marta über das Stimmengewirr hinweg, Feli und eine weitere Frau begleiteten sie.
»Feli!«, fiel Franzi auf. »Ronja wollte ihr doch etwas helfen, aber Feli saß die ganze Zeit am Tisch.«
Kim schaute auf ihre Uhr. Es war 18 Uhr. Was hatte Ronja vor? Die drei !!! beschlossen, Ronja zu suchen, um sie zur Rede zu stellen. Auf dem Innenhof war sie nicht und die beiden Scheunen waren menschenleer. »Vielleicht ist sie im Haus oder hat den Hof Richtung Schafweide verlassen?«, überlegte Franzi.
»Da ist sie«, zischte Marie. Sie nickte in Richtung Schafkoppel. Dort lief jemand unter den Apfelbäumen auf und ab und schien zu telefonieren.
Die Detektivinnen näherten sich vorsichtig. Kim hoffte, dass sie Fetzen des Gesprächs mithören konnten. »... nach Plan. Ich komme zum ...«, hörte Kim noch. Dann wehte Musik herüber und übertönte Ronjas Stimme. Offenbar war der Stromausfall

behoben. Auch Ronja schien von der Geräuschkulisse gestört zu sein. Ohne die Mädchen zu bemerken, verließ sie die Obstwiese und ging hinüber zum alten Backhaus. Das kleine Häuschen stand an der Rückseite der Scheunen. Es war schon lange ungenutzt und diente höchstens als Lagerraum, die Holztür stand offen. Hier war es ruhiger.

Trotzdem konnten die drei !!! nichts von ihrem Gespräch hören, und wenn sie näher herangingen, würde Ronja sie bemerken. Kim dachte fieberhaft nach. Dann war ihr plötzlich alles klar.

»Johanna!«, rief sie.

Ronja drehte sich zu ihnen um und hob winkend die linke Hand. Anschließend drückte sie das Gespräch weg und kam auf die Detektivinnen zu.

»Hey, ihr drei«, sagte sie betont fröhlich. »Gibt es wieder Strom?«

»Hallo, Johanna«, antwortete Kim kühl. »Du hast dich selbst verraten, hast du das gemerkt? Johanna Mertens ist dein richtiger Name, stimmt's?«

Ronja lehnte sich seufzend an die Wand des Backhauses. Es war nur wenig höher als sie selbst.

»Du, Alice Mertens und Blanka Bachmann habt euch vor drei Jahren ebenfalls um den Hof beworben, richtig?«, fragte Kim. »Aber nur du konntest auf die Blumenfarm kommen, um dir die Freundschaft von Feli und Marta zu erschleichen, um sie dann zu sabotieren! Dich hatten sie noch nie gesehen, weil du in dem Projektkatalog nicht auf dem Foto abgebildet bist.«

»Wow«, sagte Johanna spöttisch. »Ihr seid richtige Detektivinnen, was?«
Kim ließ sich nicht davon beirren. »Aber eine Sache verstehen wir nicht: warum? Warum hast du sie sabotiert?«
Johanna warf einen Blick auf ihr Handy. »Ganz einfach: Marta und Feli hatten den Hof jetzt drei Jahre lang. Das ist lang genug!«
»Was soll das denn heißen?«, rief Kim. »Das hast doch nicht du zu entscheiden.«
Johanna reagierte nicht. Wieder schaute sie nervös auf ihr Smartphone.
»Wir gehen jetzt zu Feli und Marta, dann kannst du ihnen das persönlich erklären!«, sagte Kim wütend.
»Sicher nicht«, sagte Johanna. Sie machte einen schnellen Schritt nach vorn und stieß die Detektivinnen in die geöffnete Tür des Backhauses. Kim hörte noch, wie draußen ein Riegel umgelegt wurde. Dann wurde ihr schwarz vor Augen.

Die Detektivinnen sitzen fest

Marie hatte geahnt, dass Kim Angst bekommen würde, und sofort den Arm um ihre Freundin gelegt. »Ist gut, Kim«, flüsterte sie. »Wir sind bei dir.«
Kim lehnte sich gegen Marie. »Hier hinten hört uns niemand«, hauchte sie tonlos.
»Mist, kein Empfang«, fluchte Franzi. »Marie, hast du hier drinnen Empfang?«
»Kim, ich nehme kurz meinen Arm weg, ja? Franzi steht auf der anderen Seite neben dir.«
Kim nickte, das konnte Marie allerdings nicht sehen.
»Ich hab auch keinen Empfang«, seufzte Marie. Sie leuchtete mit der Taschenlampe ihres Smartphones den Raum ab. Hinter den Detektivinnen war der Ofen eingemauert und daneben stand ein wackelig aussehender Tisch. An der Wand über dem Tisch hing ein schmiedeeiserner Schürhaken. Sonst gab es nichts.
Durch einen Schlitz seitlich der Tür fiel Licht herein. Marie rüttelte an der Tür. Sie hielt ihr Handy in den Schlitz, auf dem

Display erschien ein Strich dort, wo die Empfangsstärke angezeigt wird. Hastig wählte Marie Martas Nummer aus. Aber Marta hörte ihr Handy nicht. Auch Feli ging nicht dran. Marie tippte eine Nachricht an beide. Dann steckte sie ihr Handy zurück in die Hosentasche. »Bei dem Riegel helfen meine Fähigkeiten im Schlösserknacken leider nicht«, erklärte sie. »Aber keine Sorge, ich hole uns hier raus. Irgendwie.«

Ängstlich beobachtete Kim ihre Freundin. Franzi streichelte ihren Arm. Marie sah sich erneut im Backhaus um. Dann nahm sie den Schürhaken von der Wand und ging damit zur Tür. Kim vertraute Marie, aber das interessierte ihre Platzangst nicht.

Marie schob den Schürhaken in den Schlitz zwischen Tür und Türrahmen und versuchte damit den Riegel hochzuschieben.

»Ist das schwer«, ächzte sie. »Franzi, kannst du mir helfen? Wir müssen mit viel Schwung und Kraft von unten gegen den Riegel schlagen, damit er zur Seite fliegt.«

»Ist es okay, Kim, wenn ich zu Marie hinübergehe?«, fragte Franzi behutsam.

»Ja«, flüsterte Kim. Sie machte die Augen zu. Sie hörte Maries und Franzis Anstrengungen. Immer wieder zählte Marie bis drei und bei drei drückten die beiden den Schürhaken hoch, ein metallisches Klirren war zu hören, aber dann jedes Mal das enttäuschte Ächzen ihrer Freundinnen.

»Noch einmal«, knurrte Marie entschlossen. Franzi und sie zählten gemeinsam bis drei, Kim machte ihre Augen auf und sah, wie die beiden kräftig den Schürhaken nach oben schlugen. Der Türriegel flog zur Seite und die Tür sprang auf! Jubelnd fielen sich Franzi und Marie in die Arme, dann umarmten sie auch Kim.

»Ich sag doch, ich hole uns hier raus!«, rief Marie und klatschte mit Franzi ab.

Kim wollte nur weg aus diesem feucht und nach altem Rauch riechenden Gefängnis. Sie stürzte durch die Tür, stützte ihre Hände auf die Knie und atmete tief durch.

Auch Marie und Franzi waren froh, entkommen zu sein.

»Wisst ihr, was jetzt genau das Richtige wäre?«, fragte Franzi. Sie streckte ihre Hand aus.

Kim lächelte matt. Franzi hatte recht, das war jetzt wirklich genau richtig.

Sie und Marie streckten ihre Hände aus und legten sie auf Franzis Hand.

Kim sagte: »Eins.«

Franzi sagte: »Zwei.«

Und Marie sagte: »Drei.«

Dann warfen sie ihre Hände in die Luft und riefen gemeinsam: »Power!!!«

Kim war jetzt wieder voller Energie. Das tat gut. »Wie machen wir weiter?«, fragte sie.

»Wir müssen Johanna finden«, sagte Marie. »Vielleicht ist sie schon längst abgehauen.«

Franzi schüttelte den Kopf. »Sie hat einen Plan und den will sie durchziehen. Ronja, ähm, Johanna ist noch hier auf dem Hof!«

Auch Kim glaubte, dass sich Johanna nicht einfach so aus dem Staub machen wollte. Aber etwas passte trotzdem nicht. Johan-

na hatte gerade versucht, hart und spöttisch zu ihnen zu sein. Ihre Augen hatten allerdings etwas anderes gesagt. Da war Bedauern gewesen. Und Kim war sich sicher, auch einen Funken Angst gesehen zu haben. Johanna war keine abgebrühte Saboteurin. Außerdem war sich Kim sicher, dass Johanna gerne Teil des Blumenfarm-Teams war. Sie war immer voller Tatendrang und Begeisterung gewesen, hilfsbereit und zuverlässig. Wie passte das zu den zum Teil heftigen Sabotageakten, die Feli und Marta ernsthaft schadeten und ihre Existenz gefährdeten?
Nur Johanna konnte ihnen diese Fragen beantworten, darum mussten sie sie finden!
»Auf dem Fest ist sie nicht«, wisperte Franzi, die hinter der Scheune hervor auf den Innenhof lugte.
»Im Haus«, überlegte Marie. »Dann ist sie im Haus, vielleicht im Büro.«
Die Detektivinnen gingen außen um die Hofgebäude herum, um den Innenhof nicht durchqueren zu müssen. Dort würden sie sicherlich von Marta und Feli aufgehalten werden, bestimmt gab es inzwischen Essen. Schnuppernd reckte Kim ihre Nase in die Luft. Wieder roch es nach Rauch, jetzt aber gut nach Gegrilltem. »Schade«, seufzte sie.
Die Detektivinnen liefen zum Wohnhaus. Franzi drückte die Klinke der Haustür, die wie immer unverschlossen war, vorsichtig herunter und öffnete die Tür langsam, leise huschten sie ins Haus. Die Tür zum Büro war geöffnet, es drang das Geräusch energischen Tippens auf der Computertastatur heraus. Kim spähte in den Raum. Johanna saß an Martas Computer und

hämmerte regelrecht auf die Tastatur ein. Marie wollte auch einen Blick in das Büro werfen, sie machte hinter Kim einen kleinen Schritt und die alte Holzdiele knarzte. Johanna sah auf.
»Da seid ihr ja«, sagte sie und klang enttäuscht.
»Was machst du hier?«, fragte Marie.
»Meine Arbeit zu Ende bringen. Und ich muss mich beeilen«, sagte Johanna und tippte hastig weiter.
»Wir haben deine Fingerabdrücke auf den aufgehebelten Geldkassetten gefunden und auch auf den Kanistern, die du von Anrath gestohlen hast«, sagte Kim.
Marie bedeutete Kim mit einem Blick weiterzusprechen. Franzi versuchte, sich leise und unauffällig von Kim und Marie weg zum Computer zu schleichen.
»Darum glauben wir, dass du auch hinter den anderen Taten steckst«, fuhr Kim fort.
Während Kim sprach, schob sich Franzi an der Wand entlang auf Johanna zu. Sie ging in die Hocke und kroch auf allen vieren unter den Schreibtisch. Als Kim »Blumenbeete« sagte, zog Franzi den Stecker. Der Computerbildschirm wurde schwarz.
»Was soll das?«, rief Johanna. Sie klang, als wären ihr Schmerzen zugefügt worden. »Meine ganze Arbeit ist weg!«
»Jetzt können wir endlich in Ruhe reden«, sagte Franzi und kroch unter dem Schreibtisch hervor. Sie klopfte sich die Hosenbeine ab und stellte sich wieder neben ihre Detektivkolleginnen. »Was hast du da am Computer gemacht?«
Johanna hatte ihr Gesicht in den Händen verborgen. Sie seufzte tief und blickte auf. »Jetzt ist es ohnehin egal«, flüsterte sie,

mehr zu sich selbst als an die Detektivinnen gewandt. »Um 19 Uhr endet die Einsendefrist für Martas Bericht«, erklärte Johanna. »Ich brauchte die Ansprechpartnerinnen der Stiftung, Martas Computer ist nicht passwortgeschützt und so konnte ich auf ihr Mailpostfach zugreifen.«
»Was hat das mit der Einsendefrist zu tun?«, wunderte sich Marie.
»Ich habe einen eigenen Bericht geschrieben«, sagte Johanna. »Anonym. In dem Bericht steht alles über die Missstände hier auf dem Hof: Diebstähle, schlechter Umgang mit Ressourcen, Defizite bei Pflanzenanzucht und Beetpflege, Verwenden von auf diesem Hof nicht zugelassenen Dünge- und Pflanzenschutzmitteln«, zählte Johanna auf. »Das wollte ich unbedingt bis 19 Uhr hinterherschicken, damit die zuständigen Personen meinen Bericht bestenfalls sehen, bevor sie Martas perfekte Bilanz lesen und dann ohnehin so voreingenommen sind, dass wir wieder leer ausgehen.«
»Wer ist wir?«, fragte Kim.
Johanna blickte zum Fenster.
»Warten deine Komplizinnen auf dich?«, wurde Kim klar. »Stehen Alice Mertens und Blanka Bachmann draußen vor der Tür?« Kim ging zum Fenster und schaute hinaus. Dort parkte ein grauer Kombi, in dem die beiden ihr inzwischen sehr bekannten Frauen saßen. »Franzi, bleibst du kurz hier?«, fragte Kim. »Wir kommen gleich wieder und bringen noch jemanden mit.«
Marie rief Feli an, während Kim mit festem Schritt auf das Auto zuging. Sie blieb vor dem Fahrerinnenfenster stehen. Eine

der Frauen, Kim vermutete, dass es Alice war, denn sie ähnelte Johanna, starrte sie an. Kim klopfte mit den Fingerknöcheln gegen die Scheibe und bedeutete mit einer Geste, dass die Frau das Fenster herunterlassen sollte, was diese, wenn auch widerwillig, endlich tat.

»Hallo, ähm, Frau Mertens?«, sagte Kim. »Würden Sie mit uns hineinkommen?«

»Warum? Woher kennst du meinen Namen?«, fragte die Frau.

»Wir würden uns gerne mit Ihnen und ›Ronja‹ drinnen unterhalten«, erklärte Marie, die inzwischen auch an das Autofenster getreten war.

»Wir bleiben hier und ihr schickt Johanna zu uns raus!«, rief die andere Frau, vermutlich Blanka Bachmann, vom Beifahrersitz.

»Wir machen es so«, sagte Marie. »Sie kommen freiwillig mit ins Büro oder ich tippe auf mein Handy«, Marie zeigte der Frau ihr Handydisplay, »und rufe unseren guten Freund Kommissar Peters an. Der würde sicherlich auch gerne mit Ihnen sprechen.« Marie lächelte aufmunternd.

Sprachlos hatte Kim die Szene betrachtet. Sie wusste nicht, ob Marie sich so etwas aus Krimis abschaute, ob es an ihrem Schauspieltalent lag oder Marie einfach unglaublich cool war. Was auch immer es war, die beiden Frauen im Auto warfen sich einen Blick zu, nickten und stiegen aus.

In diesem Moment waren eilige Schritte auf dem Weg zu hören. Marta und Feli liefen zu ihnen hinüber. »Marie, was ist denn los?«, fragte Feli atemlos.

»Wir wissen es noch nicht genau«, gab Marie zu. »Am besten

gehen wir in euer Büro, dort wird sich sicherlich alles aufklären.«

Ratlos folgten Marta und Feli Kim, Marie und den beiden Frauen. Als Feli Johanna hinter Martas Schreibtisch sah, fragte sie verwundert: »Ronja, was machst du hier?«

Kim erklärte den beiden Frauen, dass Ronja in Wirklichkeit Johanna hieß. »Außerdem war das Praktikum bei euch nur ein Vorwand, um all die Sabotageakte zu begehen«, sagte Kim behutsam. »Wir haben Johannas Fingerabdrücke eben beim Fest genommen und mit all den Fingerabdrücken verglichen, die wir hier gesammelt haben. Johanna steckt hinter den Diebstählen der Kasse, sie hat die Kanister von Anrath bei euch versteckt, den Stromgenerator manipuliert und die falsche Mail an eure Gemüseabo-Kundschaft verschickt.« Kim wollte es so vorsichtig wie möglich formulieren, aber die Wahrheit war und blieb hart.

Feli ließ sich auf einen Stuhl fallen. »Das Praktikum war nur ein Vorwand?«, wiederholte sie. Das schien sie mehr zu schockieren als die Tatsache, dass Johanna hinter der Sabotage steckte.

»Natürlich war es nur ein Vorwand«, fauchte Alice Mertens, die Kim für Johannas ältere Schwester hielt. »Wir waren uns sicher, dass ihr höchstens drei Jahre durchhaltet«, sagte Alice mit finsterem Blick an Feli und Marta gewandt. »Und dann würde unsere Stunde schlagen und wir könnten endlich unser Konzept und unseren Traum von einem eigenen Hof verwirklichen. Wir haben verfolgt, was ihr macht – doch statt hämischen, spöttischen Beiträgen über euch Stadtmäuse auf dem

Land waren alle nur voller Lob! Preis für nachhaltiges Wirtschaften, Sterneköchinnen und Influencerinnen kaufen bei euch ein, auf ganzer Linie erfolgreich. Da ist uns klar geworden, dass ihr hier nicht so einfach verschwinden würdet.«

»Moment mal«, schaltete Franzi sich ein. »Ihr habt drei Jahre gewartet, um euch ins gemachte Nest zu setzen? Warum habt ihr in der Zwischenzeit nicht nach einem anderen passenden Hof zur Miete gesucht oder einen Hof gekauft?«

»Das ist nicht so einfach«, meldete sich Blanka zu Wort. »Es gibt nicht viel Auswahl, weil viele Leute im Moment nach Resthöfen oder Bauernhöfen suchen und solche Immobilien daher sehr teuer sind.«

»Aber das ist doch kein Plan, erfolgreiche Landwirtinnen vertreiben zu wollen«, sagte Kim. »Das ist gemein! Außerdem hattet ihr doch gar keine Garantie, dass ihr ausgewählt werdet, es gab vor drei Jahren schließlich noch zahlreiche andere Bewerberinnen und Bewerber.«

»Wir sind überzeugt von unserem Konzept«, sagte Alice Mertens.

»Und euer Konzept sieht vor, dass ihr eine junge Frau für ein halbes Jahr herschickt, in unser Haus, damit sie sich mit uns anfreundet, um uns hinterrücks fertigzumachen?«, fragte Marta. Deutlich war ihr anzusehen, dass sie vor Wut brodelte.

»Es musste Johanna sein, da ihr Bild nirgendwo in den Unterlagen war«, antwortete Alice schnippisch.

Jemand schlug mit der flachen Hand auf den Tisch. Alle wandten sich überrascht um. Es war Johanna gewesen. »Du machst es dir immer einfach, Alice«, fauchte Johanna. »Für dich ist nie etwas ein Problem, weil andere für dich die Drecksarbeit machen.«

»War der Hof etwa nicht dein Traum?«, fragte Alice ihre Schwester.

»Doch, natürlich«, gab Johanna zu. »Aber zu welchem Preis? Ich sage dir, dieser Preis ist zu hoch. Ich habe Menschen enttäuscht. Menschen, an deren Tisch ich jeden Tag gegessen und mit denen ich mich angefreundet habe. Und wofür? Für einen Traum, eine Spinnerei. Wer sagt, dass das, was wir aufziehen wollten, geklappt hätte? Dass es sogar besser geworden wäre als das Konzept von Feli und Marta? Das ist kaum vorstellbar. Draußen findet gerade eine Feier statt. Für alle Leute, die Marta und Feli in den vergangenen zwei Wochen geholfen haben. Geholfen, Zerstörungen zu reparieren, die ich verursacht habe.«

Inzwischen liefen Tränen über Johannas Wangen.

Marie räusperte sich. »Ich habe das Gefühl, ihr habt einige Dinge miteinander zu klären. Es gibt Aufnahmen von diesem Gespräch.« Sie hielt ihr Handy in die Luft. »Die schicke ich jetzt an Marta und Feli.«

Feli nickte. »Danke, Marie. Wir behalten uns vor, die Polizei einzuschalten. Das möchte ich aber eigentlich nicht und Marta sicher auch nicht.«

Marta schüttelte den Kopf. »Ronja, nein, Johanna, es wäre gut, wenn du uns einen Vorschlag machen würdest, wie du das alles wiedergutmachen möchtest. Wir können da sicherlich eine Lösung finden.«

Johanna nickte.

»Jetzt zu Ihnen«, sagte Marta und wandte sich an Blanka Bachmann und Alice Mertens. »Die Erfüllung von Träumen fällt niemandem in den Schoß, aber man kann etwas dafür tun, dass man ihr zumindest einen Schritt näher kommt.« Sie schnaufte. »Und jetzt raus. Ich möchte gerne auf mein Hoffest. Johanna, du kannst deine Sachen morgen abholen.«

Detektivtagebuch von Kim Jülich
Samstag, 20:11 Uhr

Es ist gar nicht so einfach, sich Notizen zu machen, wenn man auf einer Bierbank sitzt, das Detektivtagebuch auf dem Schoß hat und drum herum ein fröhliches Hoffest stattfindet. Aber ich muss jetzt schnell die wichtigsten Entwicklungen festhalten:
Der Fall ist gelöst! Leider steckte Ronja, also Johanna, hinter den Taten auf der Blumenfarm. Auch Marta und Feli sind schockiert, lassen sich aber jetzt vor ihren Gästen nichts anmerken – obwohl sie von einer Mitarbeiterin, die sogar bei ihnen gewohnt hat hintergangen worden sind. Uff, ganz schön heftig.
Johanna tut das alles sehr leid, ganz besonders, weil ihr das Praktikum so viel Spaß gemacht hatte und sie sich angekommen und angenommen fühlte auf der Blumenfarm – kann ich verstehen! Ihre Schwester und deren beste Freundin hatten sie davon überzeugt, dass allein Johanna ihren gemeinsamen Wunsch von einem eigenen Hof wahr machen konnte. Zuerst sollte Johanna nur Informationen sammeln und Interna herausfinden, doch je näher die Abgabe des Projektberichts kam, desto drastischer hat das Trio versucht, Feli und Marta zum Aufgeben zu bewegen. Die Stiftung davon zu überzeugen, dass sie den Hof nicht gut führten, war dann der letzte Ausweg, als klar wurde, dass Marta und Feli sich nicht entmutigen ließen. Obwohl ich finde, das hätte alles dicke für eine Entmutigung gereicht.

Johanna hatte angenommen, schon das Absagen der Gemüsekistenabholung würde reichen, um Feli und Marta unzuverlässig erscheinen zu lassen. Dazu hatte sie einen digitalen Ordner mit den Rechnungen aller SoLaWi-Mitglieder von Martas Computer aus an sich selbst gemailt (ich habe Marta vorhin gesagt, dass sie dringend ein neues Passwort benötigt!!!) und den Kundinnen und Kunden dann von einer ausgedachten und eigens angelegten E-Mail-Adresse geschrieben. Als das überhaupt nichts genutzt hat, ganz im Gegenteil, hat sich die Drastik der Taten hochgeschraubt. Im Hintergrund wurde Johanna dabei immer weiter von Blanka und Alice angestiftet und angefeuert, die allerdings selbst auch kräftig mitgemischt haben: Die zerstörten Blumenbeete gehen auf ihre Kappe, ebenso wie das durchtrennte Kabel am Generator und der zerschnittene Zaun der Laufenten – Johanna hat beteuert, das hätte sie niemals getan.

Also ist Johanna irgendwie auch ein Opfer ihrer Schwester und deren Freundin. Aber sie hätte da nicht mitspielen müssen! Sie hätte direkt sagen können, dass sie sich nicht auf dem Hof einschleicht, und selbst danach hätte sie jederzeit aussteigen und sich dem Druck widersetzen können. Sie wollte ihre Schwester wohl nicht enttäuschen. Morgen Nachmittag soll Johanna ihre Sachen holen und dann wird es auch noch ein ausführliches klärendes Gespräch mit Feli und Marta geben. Ich bin echt gespannt, was aus Johanna wird – trotz ihrer Taten war sie sehr glücklich auf der Blumenfarm und mit ihrer Arbeit hier. Sie hat zwar so viel gelogen, aber dass diese Arbeit ihre Leidenschaft ist, nehme ich ihr völlig ab. Echt schade für sie, dass sie sich nicht von ihrer Schwester lösen konnte.

Wieder einmal haben die drei !!! also einen Fall erfolgreich gelöst, wir dürfen uns jetzt auf dem Hoffest auch noch ein bisschen selbst feiern, finde ich. Auch wenn dieser gelöste Fall ein leicht bitteres Gefühl hinterlässt.

Die Lichterketten tauchten den Innenhof in ein schummriges Licht. Immer noch war er von Lachen, Gesprächen, manchmal sogar Gesang erfüllt. Dazwischen mischte sich das Zirpen von Grillen. Es roch nach Heu und einer leisen Ahnung, dass der Sommer nicht mehr allzu lange währte und der Herbst sich schon bereit machte. Kim seufzte wehmütig. Das hieß, auch die Sommerferien waren bald zu Ende. Sie legte den Kopf in den Nacken. Der Himmel war fast schwarz, aber übersät mit unzähligen glimmenden Sternen. »Eine Sternschnuppe!«, rief Kim. Sie hatte sie genau gesehen.

»Schnell, wünsch dir was!«, drängte Marie.

Kim kniff die Augen fest zusammen. Was sollte sie sich nur wünschen? Wie lange hatte man nach einer Sternschnuppe Zeit, sich etwas zu wünschen? Dann schoss ihr der Wunsch wie eine erneute Sternschnuppe durch den Kopf. Sie nickte und öffnete die Augen.

»Und, was hast du dir gewünscht?«, fragte Franzi.

»Das verrät man doch nicht!«, antwortete Kim empört.

»Aber wir sagen uns doch alles!«, bettelte Franzi. »Sag schon.«

Kim presste die Lippen aufeinander und schüttelte den Kopf.

»Bitte«, sagte Franzi und machte einen Dackelblick.

Nun musste Kim lachen. »Na gut. Ich habe mir natürlich gewünscht, dass wir für immer allerbeste Freundinnen bleiben!«

Franzi nickte zufrieden.

»Jetzt müsst ihr aber auch eine Sternschnuppe sehen und euch dasselbe wünschen!«, forderte Kim. »Dann ist der Wunsch mächtiger.«

Sofort legten Marie und Franzi ihren Kopf in den Nacken und starrten angestrengt in den Himmel.
Kim beobachtete ihre Freundinnen einen Moment lang und lächelte. Natürlich war es ihr Wunsch, dass sie für immer allerbeste Freundinnen blieben. Aber Sternschnuppenwünsche mussten wirklich geheim bleiben, damit sie in Erfüllung gingen.

Jule Ambach lebt in einem klitzekleinen Dorf am Niederrhein. Sie lebt den Traum von *Cottagecore*, aber das hat einen Nachteil: Leider gibt es dort keine Bushaltestelle. Also fährt Jule Ambach viel Fahrrad. Dabei sieht sie nicht nur wunderschöne alte Bauernhöfe, Schafe und sogar Laufenten – ihre übliche Route führt sie auch an einer *Slow Flowerfarm* vorbei, einer echten Blumenfarm. Dort wachsen Blumen, die so angebaut werden, wie es Marta und Feli in diesem Fall der drei !!! machen. Es hat also auch Vorteile, dass es keinen Bus gibt, so wurde Jule Ambach zu diesen Ermittlungen von Kim, Franzi und Marie inspiriert.

Leseprobe

160 Seiten
ISBN 978-3-440-17707-5

Die drei !!! lassen sie sich im Schwarzwald zu Junior-Rangerinnen ausbilden. Der angrenzende Kletterwald wird für Selbstbewusstseins- und Teamübungen genutzt. Doch irgendwie stimmt hier etwas nicht. Wer erpresst den Besitzer der Pension? Wer stellt gemeine Tierfallen im Wald auf? Als auch noch ein Brand ausbricht, gibt es keinen Zweifel mehr: Kim, Franzi und Marie stecken mittendrin in ihrem nächsten Fall …

Lies doch mal rein!

diedreiausrufezeichen.de

Franzi hat einen Plan

»Marie, warte!« Kim war schon ganz außer Atem. Sie trat noch kräftiger in die Pedale und hatte sich leicht über den Fahrradlenker vorgebeugt.

Unbeeindruckt fuhr Marie weiter.

»Warte!«, versuchte es Kim noch einmal. Wenn Franzi doch nur hier wäre, sie könnte Marie einholen und warnen!

Plötzlich bremste Marie. Kies und Steinchen stoben auf und eine Staubwolke umhüllte die Reifen von Maries Mountainbike.

»Na endlich«, keuchte Kim, als sie ihre Freundin eingeholt hatte. »Hast du mich nicht gehört? Wir können nicht wie sonst weiter geradeaus fahren, da vorne ist der Radweg wegen einer Baustelle gesperrt. Wir müssen hier links abbiegen.«

Marie winkte ab. »Weiß ich doch. Ich dachte, ich beeile mich, wir müssen schließlich ein bisschen Zeit wieder gutmachen.«

Kim hatte Marie zu Hause abgeholt und wie immer etwas auf sie warten müssen.

»Jetzt auf einmal hast du es eilig?«, meinte Kim.

»Es braucht eben alles seine Zeit«, erklärte Marie.

»Aber wenn du das weißt, dann fang doch früher an, deine Sachen zu packen und dich fertig zu machen«, sagte Kim.

»Ich glaube, ich habe ein Déjà-vu«, antwortete Marie nachdenklich. »Hast du das nicht vorhin schon mal gesagt?«

»Und ungefähr dreihundert Mal davor«, sagte Kim trocken. »Komm, lass uns weiterfahren.«

Marie und Kim fuhren nun gemächlicher nebeneinanderher. Durch Maries Sprint hatten sie tatsächlich einige Minuten gewonnen.

Die Sonne glitzerte zwischen den allmählich grüner werdenden Knospen an den Bäumen und Sträuchern hindurch. Es war Mitte März und endlich kündigte sich der Frühling an. Das wurde auch Zeit, fand Kim. Heute hatte sie zum ersten Mal ihre Winterjacke im Schrank gelassen.

»Camilla und ich waren gestern Nachmittag in der neuen Eisdiele«, erzählte Kim. »In der Nähe vom Stadtpark, du weißt schon.« Camilla war eine neue Freundin von Kim, mit der sie in letzter Zeit öfter etwas allein ohne Franzi und Marie unternahm.

»Ja, ich weiß«, rief Marie über ihre Schulter. Sie fuhr etwas vor Kim auf dem Fahrradweg, gerade kamen ihnen andere Radfahrer entgegen. Marie ließ sie vorbei und fuhr langsamer, um wieder neben Kim fahren zu können. »Wir wollten die neue Eisdiele doch zusammen mit Franzi ausprobieren«, sagte sie.

Kim fiel natürlich sofort auf, dass Marie etwas enttäuscht klang. Daran hatte sie überhaupt nicht mehr gedacht, dass sie eigentlich mit Franzi und Marie zu der neuen Eisdiele hatte gehen wollen. »Wir können doch Franzi gleich fragen, wann sie Zeit für ein Eis hat. Vielleicht direkt morgen?«, schlug Kim versöhnlich vor. »Camilla und ich waren gerade in der Nähe gewesen, weil Camilla nicht weit weg vom Stadtpark wohnt …«, sagte Kim. »Ich hab's vergessen, tut mir leid!«

Das schöne Wetter passte so gar nicht zu der Missstimmung, die in der Luft zu liegen schien.

»Kein Problem!«, sagte Marie nun. »Ich habe mich nur gewundert, weil ich dachte, wir gehen zu dritt dorthin. Okay, lass uns Franzi fragen, vielleicht können wir den Ferienbeginn nächste Woche mit einem Eisbecher feiern.«

»Einem riesigen Eisbecher!«, bekräftigte Kim. »So nötig hatte ich Ferien noch nie.«

Marie lachte. »Das sagst du immer.«

»Stimmt auch immer«, erwiderte Kim fröhlich.

Die beiden bogen auf den Schotterweg ab, der zum Hof von Franzis Familie führte. Hier waren sie heute Nachmittag mit ihrer Freundin verabredet. Als sie auf den Hof fuhren, liefen die Hühner gackernd auseinander, die zwischen Steinchen nach Insekten und Samen pickten. Besonders laut gackerte Franzis hinkendes Huhn Polly. »Ich glaube, Polly sagt uns Hallo!«, meinte Marie lachend.

Herr Winkler stürmte aus seiner Praxis. »Hallo, ihr zwei!«, rief er und winkte. »Notfall, ich muss los. Franzi ist im Schuppen.«

Herr Winkler war Tierarzt und hatte seine Praxis auf dem Hof

der Familie. Manchmal wurde er auch zu Notfällen gerufen, meistens zu Bauernhöfen, Schafweiden oder Pferdeställen, und dann musste es zügig gehen.
Kim mochte das fröhliche, manchmal chaotische Treiben auf dem Winklerhof. Komisch, bei sich zu Hause war sie häufig genervt, wenn ihr Vater durch die Wohnung wirbelte und Großputz machte oder Ben und Lukas mit ihrer Matratze auf der Treppe Wasserfall spielten und dann am besten noch Familienhund Pablo bellend um sie herumsprang.
Marie und Kim waren von ihren Rädern abgestiegen und schoben sie zum Schuppen hinüber.
Die Tür zum alten Pferdestall stand offen. Hier trafen sich die drei Freundinnen meistens, wenn sie bei Franzi zu Besuch waren. Der alte Pferdestall war nicht nur besonders gemütlich eingerichtet, mit einer Sitzecke, der alten Kutsche und einem Bollerofen, in dem im Herbst und Winter ein behagliches Feuer flackerte, er war auch das Hauptquartier der drei !!! – des Detektivclubs von Kim, Franzi und Marie.
Aber heute sollte es nicht um aktuelle Ermittlungen gehen, die Detektivinnen hatten im Moment keinen Auftrag.
So ganz genau wussten Kim und Marie nicht, warum Franzi sie eingeladen hatte, sie hatte sehr geheimnisvoll geklungen. Umso überraschter waren Marie und Kim nun, als sie in die geöffnete Tür des Schuppens traten. Franzi hatte ihnen den Rücken zugedreht und rückte Tassen, Gläser und Teller auf dem kleinen Tisch in der Mitte der Sitzecke zurecht. Dort stand auch schon eine Teekanne bereit, aus deren Tülle es dampfte, ein großer

Teller mit Kuchenstücken und sogar eine Vase mit Tulpen und Narzissen aus dem Garten waren ebenfalls auf dem Tisch versammelt.

»Gibt es etwas zu feiern?«, fragte Marie verblüfft.

Franzi zuckte zusammen, Geschirr klirrte. »Habt ihr mich erschreckt!«, ächzte Franzi und stellte die Tasse zurück auf die Untertasse. Dann drehte sie sich um. »Aber schön, dass ihr da seid. Und so pünktlich!«

»Ha, ha«, machte Marie, die sich natürlich sofort angesprochen fühlte.

Franzi lachte. »Kim hat mir schon geschrieben, dass ihr euch vielleicht etwas verspätet.«

Sie ließ sich auf einen der Sessel fallen. »Was war denn wieder los?«

Auch Kim und Marie nahmen an dem kleinen und reich gedeckten Tisch Platz. Kim entschied sich wie meistens auch für einen der knubbeligen, gemütlichen Sessel. Sie schnupperte. Rhabarberkuchen! Das hatte sie sich doch beim Eintreten schon gedacht. Aber jetzt musste sie sich noch einen Moment gedulden.

Marie seufzte schwer. »Kim habe ich auch noch nichts davon erzählt«, erklärte sie. Ihr Gesicht hatte sich verdüstert und sie sah traurig aus. »Oma Agnes war schon wieder so richtig komisch heute.«

Kim und Franzi wussten bereits, dass Oma Agnes in letzter Zeit etwas vergesslich geworden war. Einmal dachte sie sogar, sie habe eine wertvolle Statue aus dem Museum gestohlen! Nur mit

Mühe war es den Detektivinnen und Opa Herbert gelungen, sie vom Gegenteil zu überzeugen.

»Also, dass Oma Agnes ein wenig vergesslich geworden ist, daran haben wir uns gewöhnt«, begann Marie. »So normal Oma-vergesslich ist ja okay. Aber heute sollte sie Finn vom Waldkindergarten abholen. Wie immer dienstags. Um 14 Uhr klingelte dann Papas Smartphone, es war eine Erzieherin des Kindergartens dran.« Marie hatte mit ihrer Stiefschwester Lina und ihrem Vater in der Küche gesessen. Die Erzieherin wollte wissen, warum niemand Finn abgeholt habe. Helmut Grevenbroich war sofort alarmiert und versicherte, dass Finn gleich abgeholt würde. Aber zuerst machte er sich Sorgen um seine Schwiegermutter. »Wir hatten wirklich Angst, dass Oma etwas passiert ist«, erzählte Marie. »Papa hat sie angerufen und zum Glück ist sie drangegangen.« Marie schluckte schwer. »Aber als Papa sie gefragt hat, wo sie ist und warum sie Finn noch nicht vom Kindergarten abgeholt habe, da sagte sie, dass sie nicht weiß, wo sie ist. Sie hat sich verlaufen.«

Kim wusste nicht, was sie sagen sollte. Auch Franzi war sprachlos. Schließlich fragte sie: »Was heißt das denn jetzt?«

Marie zuckte mit den Achseln. »Ich weiß es nicht. Papa sagt, wir müssen gut auf Oma Agnes aufpassen. Tessa hat einen Termin bei der Hausärztin vereinbart, damit sie Oma Agnes gründlich durchcheckt. Aber Oma Agnes ist richtig böse geworden und hat gesagt, Papa und Tessa übertreiben. Als ich vorhin gegangen bin, hatte sie sich erst einmal hingelegt und Opa Herbert hat versprochen, noch mal mit ihr zu reden.«

»Glaubt ihr denn ...«, begann Kim mit belegter Stimme.
Marie nickte. »Vielleicht sind das Anzeichen für eine Demenz.« Ihre Augen füllten sich mit Tränen. »Wenn das wirklich stimmt, kann Oma vielleicht eines Tages nicht mehr bei uns wohnen. Aber Tessa und Papa wollen erst mal abwarten, was die Ärztin sagt. Opa Herbert ist auch schon ganz durch den Wind vor Sorge.«
Es tat Kim sehr leid, dass sie Marie wegen ihrer Unpünktlichkeit aufgezogen hatte. Das waren einfach schreckliche Neuigkeiten. Kim streichelte Maries Arm. »Jetzt warten wir erst mal ab«, wiederholte Marie noch einmal mit bemüht fester Stimme.
Franzi und Kim warfen sich einen Blick zu. Das klang gar nicht gut, fand Kim. Aber Marie hatte recht: Familie Grevenbroich konnte im Moment nichts machen außer abwarten und für Oma Agnes da sein. So wie sie und Franzi für ihre Freundin da sein würden. Als hätte Franzi Kims Gedanken gelesen, sagte sie: »Du kannst immer mit uns darüber sprechen, Marie!«
Marie nickte. »Ich weiß! Ihr seid die Besten.« Sie seufzte noch einmal, dann sagte sie: »Was ist eigentlich mit dem Kuchen?«
Marie griff sich Franzis Teller und schaufelte ein großes Stück Rhabarber-Streuselkuchen darauf. »Sahne?«, fragte sie, und ohne eine Antwort abzuwarten, landete ein großer Klacks Schlagsahne auf Franzis Kuchenstück.
»Ähm ja, den hat Mama gebacken, mit dem ersten Rhabarber aus dem Garten«, sagte Franzi verdattert, als Marie ihr den Teller in die Hand drückte.

»Was gibt es eigentlich zu feiern, Franzi?«, fragte Kim und deutete mit ihrer Kuchengabel auf die Tulpen und den Kuchen. Auch sie bekam ein extragroßes Stück von Marie aufgetan. »Aber die Sahne bitte neben den Kuchen!«, rief Kim.
»Weiß ich doch«, murmelte Marie konzentriert und schöpfte Sahne neben das Kuchenstück.
»Nichts!«, flötete Franzi mit ungewöhnlich hoher Stimme. »Gar nichts. Ich wollte mich einfach nur mal wieder mit euch treffen.«
»Hm«, brummte Kim. So ganz wollte sie das Franzi nicht glauben, aber vielleicht würde sie gleich noch mit der Sprache herausrücken.
Marie schenkte ihnen etwas vom selbst gemachten Eistee ein. Kim nahm das Glas und rührte den Eistee mit dem Glas-Strohhalm um, die Eiswürfel klirrten. Dann nahm sie einen Schluck. »Mmh, Rhabarber-Minze! Das schmeckt mega!«
»Wirklich?«, freute sich Franzi. »Das sage ich nachher Mama. Sie probiert gerade neue Rezepte für das Hofcafé aus, am Samstag in zwei Wochen ist das Hofcafé zum ersten Mal für diese Saison geöffnet.«
»Osterferien ist ein gutes Stichwort«, meinte Marie. »Was liegt an? Gibt es Pläne?«
Stimmt, das wollte sie ihren Freundinnen schon längst erzählen, fiel Kim ein. Sie verschluckte sich an ihrem Eistee, und statt zu antworten, bekam sie einen Hustenanfall. Marie klopfte ihr kräftig auf den Rücken, bis Kim krächzend abwinkte.
»Schon gut, schon gut«, keuchte sie. »Also, was ich euch er-

zählen wollte: Camilla möchte Skate-Dance lernen. Das ist Tanzen auf Rollschuhen. Sie hat mich gefragt, ob ich bei einem Workshop mitmachen möchte, der in den Osterferien stattfindet.«

Kim schaute in die verdutzten Gesichter ihrer Freundinnen.

»Rollschuh fahren, du?«, fragte Marie mit gerunzelter Stirn.

»Finde ich auch ungewöhnlich«, meinte Franzi.

»Wieso denn?«, fragte Kim. »Das macht bestimmt Spaß! Und Camilla kann richtig gut Rollschuh laufen, sie hilft mir, hat sie schon versprochen.«

»Und was machen wir dann, Franzi«, fragte Marie, »wenn Kim uns im Stich lässt?«

Kim spürte ein heißes Kribbeln in ihrem Bauch. »Ich lasse euch nicht im Stich!«, protestierte sie. »Wir können uns doch trotzdem abends treffen!«

»Ich habe eigentlich schon einen Plan für unsere Osterferien«, gab Franzi zu. »Wir fahren in den Schwarzwald! Also, wenn ihr möchtet.«

»Und was machen wir dann da?« Kim war trotz der Aussicht auf den Skate-Dance-Workshop neugierig geworden. »Denk daran, dass unsere letzte Reise in den Schwarzwald ganz anders endete als erwartet!«

Marie und Franzi kicherten. Auch sie erinnerten sich noch gut an ihren letzten Urlaub im Schwarzwald: Die drei hatten Kims Vater zu einem Kuckucksuhren-Kongress begleiten wollen, den Herr Jülich als großer Fan von Kuckucksuhren besuchen wollte. Doch stattdessen blieben sie mitten im Nirgendwo mit dem

Auto liegen und die drei Detektivinnen ermittelten schließlich in einem Spukhotel.
Franzi versicherte, dass sie dieses Mal am Ziel ankommen würden. Sie ging zur Kommode, auf der ein Laptop lag. »Kommt rüber«, sagte Franzi, als sie sich auf den freien Stuhl setzte. Marie und Kim stellten sich hinter ihre Freundin. Franzi atmete durch. »Ich habe etwas echt Cooles entdeckt. Hoffentlich habt ihr Lust dazu!«
Franzis Aufregung war ansteckend, Kim trommelte mit den Fingern auf die Stuhllehne hinter Franzi.
»Schaut euch das an!«, sagte Franzi. Sie klappte den Laptop auf. Der Bildschirm war noch schwarz, dann wurde er grün. Bäume waren zu sehen, das war ein dichter Wald. »Werde Junior-Ranger«, las Kim vor.
»Ist das nicht cool?«, rief Franzi begeistert. »Diese Workshops gibt es in mehreren Regionen Deutschlands. Innerhalb von einer Woche lernen die Teilnehmenden ganz viel über Naturschutz, Tiere und Pflanzen, sich im Wald zu orientieren, Feuer zu machen, Tierspuren zu erkennen und all so was. Und auch, selbst Naturschutzprojekte zu planen und umzusetzen. Vielleicht fällt uns etwas ein, das wir hier in unserer Stadt starten können!«
Das klang wirklich spannend, fand Kim. Einerseits freute sie sich schon auf das Skate-Dancing mit Camilla, sie würden fast eine ganze Woche miteinander verbringen. Andererseits klang dieser Workshop wirklich richtig gut.

Kim, Franzi und Marie lösen jeden Fall!

☐ Die Handy-Falle
☐ Betrug beim Casting
☐ Gefährlicher Chat
☐ Gefahr im Reitstall
☐ Nixensommer
☐ Das rote Phantom
☐ Wildpferd in Gefahr
☐ Tatort Kreuzfahrt
☐ Das geheime Parfüm
☐ Der Fall Dornröschen
☐ Der Graffiti-Code
☐ Heuler in Not
☐ Tatort Geisterbahn
☐ Gefahr im Netz
☐ Nacht der Wölfe
☐ Gefährliches Spiel
☐ Gefahr in den Ruinen
☐ Kuss der Meerjungfrau
☐ Legende der Einhörner
☐ Rätsel der Vergangenheit
☐ Tatort Hollywood
☐ #Falscher Ruhm
☐ Achtung, Gaunerzeichen!
☐ Das Bienengeheimnis
☐ Vier Pfoten in Gefahr
☐ Ein echt schöner Fall
☐ Geheimnis im Spukhotel
☐ Das Konfetti-Komplott
☐ Voller Einsatz für die Erde
☐ Luftballon-Küsse
☐ Ein Fall mit Herz und Huf
☐ Rätselhafter Raub
☐ Geheimnisvoller Liebestrank
☐ Die Krimi-Verschwörung
☐ Der Fluch der Fee
☐ Mission Gipfelglück
☐ Geburtstagsdiebe
☐ Geheimnis am Fluss
☐ Abenteuer-Küsse
☐ Unheimliches Meeresleuchten
☐ Falle im alten Kino
☐ Abenteuer Afrika
☐ Rätsel der alten Eiche
☐ Influencerin in Not
☐ Spuk auf dem Campingplatz
☐ Detektivinnen in Gefahr
☐ Alpaka-Alarm
☐ Tatort Tierarztpraxis
☐ Sushi-Sabotage
☐ Gefahr im Smart Home
☐ Superheldin in Gefahr
☐ Abenteuer Australien
☐ Einsatz im Kletterwald
☐ Verrat im Internat
☐ Tatort Blumenfarm
☐ Theater der Vampire

diedreiausrufezeichen.de

Weitere Bände der Reihe sind als E-Book erhältlich.